わが子が就活を始めるときに読む本

キャリアコンサルタント
渡部 幸

KADOKAWA

はじめに

わが子の就活で親が知っておくべき3つのこと

本書を手に取ってくださった皆さんは、お子さんがこれから就職活動を行う、あるいは現在就職活動の真っ最中で、漠然とした不安を感じていらっしゃるのではないでしょうか。お子さんの助けになりたいと考え、すがるような思いで手に取った方もいらっしゃるかもしれません。

わが子の就活についてお話しする前に、皆さんにまず知っておいていただきたいのが、就活における「**親子問題**」の存在です。

私はキャリアコンサルタントとして、日ごろ多くの学生さんの就職相談を行っていますが、2015年以降、就活生の相談内容に「親子のイザコザ」の話が頻繁に出てくるようになりました。と同時に、私が今の大学生の親御さんと同世代であるためか、**「自分（親）の時代の就職状況や価値観と、今の子どものそれとが全然違う・かみ合**

わない」と悩んでいる方からも、多く相談を受けるようになりました。

■ 就活で増加している「親子問題」の相談

親子問題の例をいくつか挙げてみましょう。

キャリア相談に来たある学生は、自身の志望業界や内定をくれた企業に、親が納得してくれないことに悩んでいました。お母さんが「どうしてもっと名の知れた企業に内定をもらえるまで就活しないのよ！」と言い続けているのだ、と。

また、あるお母さんは、「子どもが一向に就活に向けて行動を始める様子がないので、ついつい口を出したくなる。でも、自分がガミガミ言ってもムダな気がする……。自分はどうすればよいのか」という相談をしてきました。

あるお父さんは「娘に就活のアドバイスをしても機嫌が悪くなり、ろくすっぽ聞いてくれない。『自分でやるから大丈夫』と言うわりには、自己分析が全然なっていない」とイライラしている様子でした。

なぜ、このようなことになってきたのでしょうか。理由はいくつか考えられます。

現在、少子化がさらに進み、ひとりっ子も多くなっています。親子の関係は、従来よりも濃密さが生まれており、わが子の就職への親の関心が非常に高くなってきています。

就職先の企業に関しては、親世代の頃には存在すらしなかった産業やさまざまな職種が登場しています。たとえ昔からあるような大手の有名企業であっても、その中身は大きく変わり、親世代が持つイメージは今や過去のものということも少なくありません。また、ＩＴの発達により、就職活動の方法や手段も様変わりしています。

私は、こうした要因が複雑に絡み合うことによって、親と子どもが衝突しやすくなる状況に陥っているのだと考えています。

さらに、このような状況は企業の経営にも影響を与えています。

学生が企業から内定を得たとしても、その親が入社に反対し、内定辞退に至る事例が増えたため、企業の人材計画にもダメージを与えるようになったためです。時間と労力をかけて選び抜いた人材が「親が反対しているので辞退します」のひと言で去っていくのですから、企業にとっては大打撃です。

実際、企業から「親は内定について賛成しているか？」などと、親の賛成の有無を問われた学生は、全体の4分の1にのぼるという調査結果もあり（「2020年マイナビ学生就職モニター調査」マイナビ社）、「**オヤカク**（親の承諾をもらっているかの確認）」という就活ジャンルの新語も登場しているのです。

■ 初めてずくめの就職活動に、子どもも親も戸惑う

そのように悩んでいる多くの親御さんのため、今回筆を執《と》りました。

私は、企業の人事を経て独立後、新卒から転職希望者まで幅広い層の就職支援、採用支援を行ってきました。

新卒就職支援の分野では、大手就職情報サイトの記事執筆、合同説明会での講演、エントリーシートの添削や面接対策、キャリア相談に携わり、多くの大学での講義や相談対応も行っています。これまでの十数年で、就職サポートで関わった方は約5万人になります。また、企業に対する採用支援・新入社員の教育研修など、採用する側である企業とのつながりもあるため、「今の就活における企業のホンネ」についても熟知しています。

この本では、就職活動を始めようとする年代のお子さんがいらっしゃる親御さんに向けて、それらの経験や情報をもとにお話ししていきます。

就職活動は、学生たちにとっては、人生で初めての経験ずくめです。勉強やスポーツのように、「どこができなかったのか」「なぜ不合格だったのか」という結果の通知をもらうことができませんし、就職活動の答えは唯一でもなければ、明確でもありません。これまでやってきた受験勉強や部活動などのように、自分で改善点を見つけることが難しい活動だと言えます。

しかも、今まで経験したことがない就職活動の進め方や振る舞い、そのときどきに行うべきことを素早く学んで実行していくことが求められるので、活動中に不安になったり、落ち込んだりする学生がたくさん出てきます。

現在の日本では、いまだ「新卒一括採用」が主流だということもあり、「今ここで希望する企業に合格しないと、これからの人生が大きく変わってきてしまう……」と思い詰め、必要以上に悩んでしまうのです。

皆さんは、お子さんにどんな就職活動をしてほしいと思っていますか？

おそらく、自分の希望を叶えられるように、悔いなく行動してほしいと思っているのではないでしょうか。

そうです。就職活動において最も大切なのは、子ども自身がモチベーションを保ち、集中して自分の力を発揮することです。

では、親が子どもを手助けできることは何でしょうか。

それは、**子どもが実力を発揮できる環境づくり**です。

そして、その環境づくりの土台となるのが**親子の良好な関係**です。

■ 就活生の親が知っておくべき3つのこと

本書のテーマでもありますが、就活生の親御さんは次に挙げる3つのことを知っておいてください。

〈親が知っておくべき3つのこと〉

1 **今の就職活動や各業界の変化、社会の状況**
2 **自分とわが子の特性を知り、関係性に活かす方法**
3 **就活するわが子に親ができるサポート**

1は先述した通り、就職活動をめぐって親子が衝突する原因の多くは、親の知識不足や更新されていない古い情報にあります。企業や社会の状況に関する情報は、本書のPart1で解説する内容をご覧いただき、アップデートしてください。

2は、お互いの良好な関係づくりのために、親と子、それぞれが持つ価値観や特性、どんなタイプなのかを知っておく必要があります。

親も子も独立したひとりの人間です。意見を押しつけ合うのではなく、それぞれの考え方を理解しながらコミュニケーションを深めていくと、よりよい関係が築けます。Part2では、そのタイプ診断方法と付き合い方のコツなどについても解説します。

3は、子どもの就職活動中に親ができるサポートの内容について、具体的に知っておくことです。お金や食事面のサポートだけでなく、人脈や経験談など、あらゆる観点からさまざまなサポートが可能であることを知っていただければと思います。Part3で詳しく解説します。

社会人として企業の最前線で働いている親御さんもいらっしゃるでしょうが、人事担当者でなければ、採用の最前線で起こっていることについてわからない部分も多々あるかと思います。本書では、ご自身の経験や知識のどの部分を活用するとわが子の参考になるのか・仕事仲間ではないわが子にどのように接するべきなのかを理解していただくことができるはずです。

また、子育てや介護など、家庭での仕事に専念されていて、労働市場から長らく離れていた……という親御さんも多くいらっしゃるかと思います。本書で紹介している企業の採用事情や、学生の心のうちで何が起きているのかなど、最新の就職活動について参考にしていただけますと幸いです。

「就職活動に唯一の解答はない」とお伝えしましたが、それぞれのお子さんの特性や価値観、興味によって「よりよい方法」は必ずあるはずです。

この本が皆さんとお子さんのコミュニケーションや関係性をよりよいものとし、納得できる就職活動に役立つものとなるよう、ひいては皆さんとお子さんの人生をより豊かにする手助けとなるよう、心より願っています。

2020年9月

渡部《わたべ》 幸《みゆき》

わが子が就活を始めるときに読む本　もくじ

Part 2
自分とわが子の特性を知る
105

Part 3

親ができるサポートを知る

153

本文デザイン　畑中茜（tobufune）
本文イラスト　江村隆児（エムラデザイン事務所）
校正　鷗来堂
編集協力　川田さと子
DTP　ニッタプリントサービス

Part 1

今の就活と業界を知る

1 今の就活はこうなっている

10年前、5年前とは大違いの現状

この本を手に取ってくださっているあなたの就職活動（以下、就活）は、どのようなものだったでしょうか？

就活する学年を迎える前に何百社もの企業情報が載っている分厚い冊子が送られてきて、その冊子を見ながらどの説明会に予約しようかと考えた。あるいは、興味を持った企業に資料請求のハガキを送った——うっすらと、そんな記憶をお持ちではないでしょうか。

もちろん、昨今の就活は様変わりしていて、分厚い冊子もハガキも使いません。そして、就活の進め方も、就活に用いるツールも変わっていて、その変化のスピードはさらに加速しています。10年前とも、たった5年前とも変わっているため、先輩たちの就活体験談を聞いても参考にならないこともあります。

本章では、まず、最新の就活のおおまかな流れを確認し、重要なポイントについても見ていきます。

親御さんはもちろんですが、これから就活を迎えるお子さんたちも、まだよくわかっていないと思います。大事なタイミングを逃して乗り遅れることのないように、全体の流れは確実に押さえておきましょう。

大きな違いは、インターンシップ

以前の就活との大きな違いのひとつが「インターンシップ」です。

インターンシップとは、企業や団体が働く体験を学生に提供する場で、以前から転職活動中の人を対象としたものや、一部の大学の授業の一環として行われているものがありました。

本格的に就活で取り入れられるようになったのは2016年以降、企業と学生をつなぐ場として活用されるようになってきました。

授業の一環として行われていたインターンシップは、大学と企業が直接提携し、学生は学校を通じて応募するような、単位の取得にも関わるものがほとんどでした。しかし、新卒採用に関わるインターンシップは、企業が募集を行います。企業の公式ホームページの中に採用情報があるように、インターンシップ募集の情報もあるのです。

また、就活のメインのツールとして使われる就職情報サイトの「マイナビ」「リクナビ」「キャリタス就活」などを仲介してのインターンの募集もありますし、東京ビッグサイトのような大きなイベントホールに多数の企業が出展して行われるような「インターンシップ合同説明会」なども頻繁に行われるようになってきています。

では、なぜ企業は、これほどまでにインターンシップを活用し始めたのでしょうか。

その大きな理由は、企業と学生の接触時期が以前よりも遅い時期になってしまったことにあります。

2012年卒までの就活は、企業が採用・就職活動を始める時期に一律のルールがなかったため、年々、内定を出す時期が早まる傾向にありました。

そこで、経団連（日本経済団体連合会）によって、採用選考の時期について線引きが設けられることになりました。

まず、2013年卒は「広報活動開始が大学3年生の12月1日で、採用選考活動開始が4年生の4月1日」という指針が出されました。しかし、それでも3年生のうちに採用を進める企業が後を絶たず、2016年卒以降は「広報活動開始が3年生の3月1日、採用選考活動開始は4年生の8月1日」と変更されました。これには、大学側から「就活時期が長期化し、本業である学業に支障が出る」という強い要請があったことも影響しています。

このような経緯の末、2017年卒は「採用選考活動は大学4年生の6月1日開始」となり、現在にいたっています。

インターンシップの利点は何か？

けれども、経団連に加盟していない企業もたくさんありますし、近年はどんどんグローバル化も進んでいます。外資系企業やベンチャー企業などにとっては、このような採用選考活動開始の指針は関係ありません。これらの企業は大学3年生の時期から選考を始めてしまいますので、経団連に加盟している日系の企業はよい人材を確保しにくくなってしまいます。

少子高齢化や団塊の世代の大量退職によって人材不足の傾向が続いて、学生側の売り手市場となっていましたので、優秀な学生は引く手あまたです。

そのため、優秀な人材を確保したい日系の企業は、少しでも早く学生とコンタクトをとるために、インターンシップを効果的な機会だと捉えたのです。

もちろん、インターンシップは、本来の「仕事の体験」や「業界の情報収集」という目的でも行われていますし、大学3年生だけでなく、1年生や2年生が参加することもできます。また、あくまでインターンシップなので、必ずしも採用に直結するとは限りません。ただ、ここで企業の評価を得た学生は、本番の採用試験で「エントリーシート選考や一次面接をとばして二次面接から参加できる」など、かなり内定に近いスタート位置から選考にエントリーすることができる場合も多いのです。

内定に有利かどうかは別としても、実際に志望業界の中に身を置いて企業の仕事を体験することから得られるモチベーションや知識は魅力的です。学業だけではわからない気づきもあるでしょう。そのため、インターンシップに参加したいという学生は年々増え、人気企業のインターンシップは激戦となっています。

インターンシップに関しては、この章の後半でさらに詳しく解説します。現在の大学生の就職活動は、まず「インターンシップ選考に応募するかどうか」を考える時期から実際に始まっているといえます。

インターンシップがきっかけになって、早くから情報収集に着手したり、自己分析に取り組むことができると、後々の就活をスムーズに進めることができます。子どもは選考の状況などは言いたくないことも多いので、親御さんは、「どこかインターンシップに行ってみたりするの?」などと、軽く声かけしてみるのもよいですね。

大きな流れは「説明会→エントリーシート→筆記試験→面接試験」

インターンシップは別にして、就活のおおまかなスケジュールをまとめると、次のような流れで進んでいきます。

※次ページに見開きで詳しくまとめていますので、ご参照ください。

1 **企業説明会**
2 **エントリーシート提出**
3 **書類選考**
4 **筆記試験**
5 **面接試験(一次面接〜五次面接　※企業によって回数は異なる)**
6 **内々定**

就活の大きな流れ

就活スタート

1. 企業説明会

3年11月頃より
多くの企業は3年3月頃から始まるが、早い企業もある

2. エントリーシート提出

3年3月～4年4月頃

3. 書類選考

4年4月～5月頃

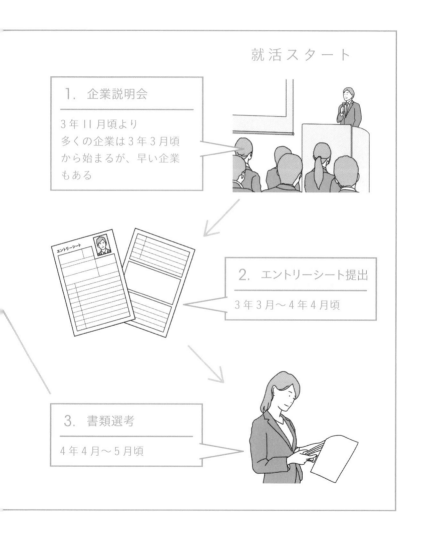

4. 筆記試験

4年4月～6月頃

5. 面接試験

4年4月～7月頃
企業によって最大で
五次くらいまで

6. 内々定

4年4月～8月頃

就活のスタートは、企業が主催する説明会です。皆さんの世代の就活と同じかもしれませんね。

2020年は、新型コロナウイルス感染予防の対策により、オンライン説明会の開催が多くなりました。遠方の人が参加しやすかったり、交通費がかからず、お金と時間が節約できたりするメリットはありましたが、企業の人に直接質問がしづらかったり、企業の雰囲気を肌で感じにくいというデメリットもありました。

説明会の次は、エントリーシート（以下、ES）の提出です。

ESは、企業によって記入項目が異なる書類です。書類選考がある場合、このESの記入内容によって、ふるいにかけられます。

昭和の時代の就活と大きく異なるのが、このESです。

企業が面接前に自社で求める人材によりマッチした人かどうかを知りたいと考え、単一のフォーマットである「履歴書」ではなく、企業独自の質問項目で構成されたESが使われるようになりました。

表現は多少違いますが、ほとんどの企業のESにあるのは、次の3項目です。

1 学生時代に力を入れたこと（通称、「ガクチカ」と呼ばれています）
2 自己PR
3 志望動機

企業ごとに設定される項目の例をいくつか挙げると、次のようなものもあります。

・あなたのトリセツ（取り扱い説明書）を記入してください
・これまでの人生における喜・怒・哀・楽をそれぞれ150字ずつ記入してください
・人生の中での一番のチャレンジを教えてください

なかなかすぐには答えられないような質問ばかりですよね。

最近では、学生が企業ごとに異なるESに記入する労力を見かねて、リクルート社が提供する「オープンES」という共通で使えるESを使う企業も増えています。

しかし、やはり企業によっては「これを聞いてみたい」という要望もあり、独自のESを使い続けるところも多いです。特に、人気のある大手企業ほど、独自のESを使い続ける傾向があります。

「動画ES」攻略には、親のアドバイスも役立つ

2019年の就活から急速に増えてきたのが「動画ES」です。動画ESの提出を求めるのは大企業がほとんどで、2割から3割くらいの就活生が、この動画ESの提出を求められています。

動画ESは、文字通りスマートフォンなどで動画を撮影して企業に送るものです。その内容は、1分程度の自己PRや企業から指示された内容です。面接のような会話形式とは異なり、ひとりでカメラに向かってスピーチをすることになります。

若い世代は普段から動画撮影に慣れているかもしれませんが、企業に提出する動画となると、話は別です。一次面接で求められるような「第一印象での好感度」をこの動画でチェックされるわけですから、上半身だけでなく全身きちんと服装をととのえ、笑顔でハキハキと挨拶してからスピーチを始めることが大切です。

以前、私がオンラインで模擬面接を指導した男子学生のD君は、Tシャツ姿で画面に現れました。親世代からしてみると、「模擬面接なんだから、面接用の服を着るべきで、面接用の着こなしも練習の一部でしょう」と思いますよね。しかし、そんなの言わなくてもわかっているだろうと思うようなことですら、お子さん世代には明確に

伝える必要があります。

・きちんとした服装をしているか
・清潔感はあるか

動画を見た相手に対して、好ましい第一印象を与えられるかどうかを客観的な目でチェックしてあげてください。

また、動画ESを撮影する際は、「三脚などを使ってスマートフォンを固定する」「カメラに向かって目線を合わせる」「話す内容は頭に入れて、原稿を読まずに前を見て話す」などのコツがあります。もし、お子さんにアドバイスを求められたら、気づいたことを言ってあげましょう。

筆記試験には、事前準備と早めの対策が必要

選考スケジュールでは、ES提出の次に筆記試験が設定されていることが多いです。

筆記試験としては、昔からある適性検査や時事問題、小論文などがある場合もありますが、現在、多くの企業で行われるのがマークシート方式の能力テストで、数種類

あります。
また、試験の受け方にも、今は3通りあります。
1 テストセンターという別会場でPCを使って受ける形式
2 自宅のPCを使ってWEBテストとして受ける形式
3 企業の用意した会場で記入して受けるペーパー形式
どの形式になるかは、受けるテストの種類や応募した企業によって異なります。

テストの種類

SPI（エスピーアイ）

リクルートマネジメントソリューションズ社が提供している言語（国語）と非言語（数学）の能力テストと適性検査で、長年多くの企業に使われているテストです。すべての形式（テストセンター形式、WEBテスト形式、インハウスCBT形式、ペーパー形式）で提供されています。どの形式にも制限時間が設けられていて、テストセンター形式は受験者の解答が合っているか間違っているかで、進む問題の難易度が変わってくると言われています。WEBテストは電卓使用が前提で、素早い計算が求められます。

ENG（イング）

SPIの英語版です（SPIと同じ会社が開発）。

玉手箱

日本エス・エイチ・エル社が提供するテストです。WEBテストのシェアナンバーワンで、計数、言語、英語、パーソナリティと領域が分かれ、企業ごとに異なる組み合わせで出題されます。商社、金融、コンサルティングなどの業界で使われています。

GAB（ギャブ）

日本エス・エイチ・エル社が提供するテストです。すべてのテスト形式があり、商社、証券会社、総合研究所、投資会社などの総合職で使われています。難度が高いテストです。

CAB（キャブ）

日本エス・エイチ・エル社が提供するテストです。SEやプログラマー向けのテストとされ、IT系の企業で多く採用されています。計数系とパーソナリティのみで、暗算もあり、短時間で多くの問題を計算しなければなりません。

TG-WEB（ティージーウェブ）

ヒューマネージ社が提供しています。難度が高く、なじみのない問題が出題されることが多いです。難しい長文読解などもあり、外資系コンサルティング会社などでよく使われています。すべての形式（テストセンター形式、WEBテスト形式、マークシート形式）があります。

いずれのテストも、制限時間内に多くの問題を解くことを要求されます。そのため、考え込んだり悩んでいるヒマはありません。効率的にどんどん解いていかなければならないテストなので、事前に対策を立てて臨んでいただくことをオススメします。

親御さん自身の経験から、「就職試験では、面接試験のほうが大事なはず」と思いがちですが、昨今の筆記試験は侮れません。

何万人もの応募者がいる大企業はこの筆記試験で振るい落として、応募者数を減らします。

ＩＴ業界や金融業界などの業界は、ある分野に対して求める資質がありますから、テストでその能力を判定したいと考えて、試験の結果を重視しています。

例えば、ＩＴ業界を目指すなら、ＩＴ業界でよく使われているＣＡＢの対策をしておきましょう。準備せずに試験に臨んだ結果、ＩＴ業界全滅という事態もあり得ます。

「どの企業がどの種類のテストを使っていたか」という過去の情報は、書店の就活コーナーに並んでいる筆記試験関連の書籍に掲載されています。

ほかにも、内定者のブログや就活エージェントなどの情報サイトを探すと見つけられるはずです。必ずしも同じテストが使用され続けるとは限りませんが、参考にはなるでしょう。

また、マイナビやキャリタス就活などの就活サイトには、テスト対策の模擬問題が無料で提供されていますので、これも活用できます。

筆記試験を突破している学生さんに聞いてみると、「1冊の問題集を繰り返し解くことによって力がついた」という声が多いです。

筆記試験を突破する力は、一夜漬けでは身につけられません。就活が本格化する前、時間のあるうちに対策をしておくことをオススメします。

新卒の面接試験でも、オンライン面接が増えている

通常、筆記試験で選考を通過できると面接に進むことになります。面接の回数は、3回程度の企業が主ですが、応募人数や企業の規模、採用人数によって2回〜5回くらいのバラつきがあります。

説明会と同様に、2020年は新型コロナウイルス感染予防のため、オンライン面接を行う企業が増えました。

オンライン面接では、リアルで対面しているときの面接とは異なり、目線に注意が必要です。

画面に映った相手の顔ではなく、カメラ（カメラのレンズ）を見つめて話すことによって、相手の画面上には目線を合わせた状態で映っています。また、通信が途切れる心配はないか、マイクの調子はどうかなど、システムや機器などのチェックも必要です。

オンライン面接というと、画面の中だけで判断されるので緊張してしまうという学生さんもいますが、結局のところ、リアルであってもオンラインであっても、企業が面接で知りたいと思っていることは同じです。

「この学生は、一緒に仕事をしたいと思える人か」という点です。
もし、お子さんから相談されることがありましたら、社会人としての視点で、わが子を客観的に観察してみてください。そして、どのように見えるのかをフィードバックしてあげてください。

また、面接は一次、二次……と回を重ねていくうちに、面接を行う目的や見るポイントが変わりますので、それを親御さんも理解しておきましょう。

一次面接（動画の提出やオンライン面接も含む）のときには、提出したＥＳなどの書類と本人の印象が大きく違わないか、表情や姿勢、視線、あいさつ、話し方、論理的な伝え方など、基本的な常識が身についている人物かどうかがチェックされます。
また、一次面接の前後、選考の早い段階でグループディスカッションを行う企業もありますが、グループディスカッションでは、面接ではチェックできない学生の普段の様子、コミュニケーション能力、チームワークへの対処などについて見られています。

二次面接、三次面接では、学生時代に培ったスキルがどのようなものか、この企業を志望した思いをしっかり話せているかどうかがポイントになります。

一般的に、企業が最終面接を行うときには、2パターンあると言われています。ひとつは、「もう50％は採用を決めている」という場合。もうひとつは「応募者の意思を確定する」という場合です。

いずれにしても、企業側は、ほぼ採用することを決めています。企業はとにかく、「応募者本人が本当にこの企業に入社したいと思っているのか」という「志望度」を見たいのです。

今の時代は、流動的な状況への柔軟な対応が重要

ここまで現在の就活の概要やポイント、以前との違いについて確認してきました。皆さんもお気づきかと思いますが、社会の変化や世界情勢によって、情報や手法は常に流動的になっています。

2020年だけを見ても、新型コロナウイルスの脅威により、東京オリンピックが延期され、社会のさまざまなところで想定外の状況が続いています。

面接の目的とポイントは選考段階によって異なる

	目的	ポイント
一次面接	表情・態度なども含め、本人の印象がエントリーシートの内容と違わないか確認する	短い時間で「この人と一緒に働きたい」と思ってもらう
グループディスカッション	面接だけでは見られない学生の活動ぶり、人との関わり方を観察する	ほかの志望者と積極的に関わり、よりよい答えを導き出そうと努力する
二次（三次）面接	仕事に活かせそうなスキルをじっくり把握する	学生時代にどんな思いを持ってどのように活動したか、強みをどう自社に活かせるかを具体的にアピールする
最終面接	応募者の絞り込み（2分の1採用）もしくは応募者の意思確認	本気で入社を考えていることをアピールする

就活においても、さらなるオンライン化への対応、新卒通年採用企業の一般化、教育現場の9月入学への移行の検討など、あらゆる方向に変化する可能性があります。

現時点での世の中のシステムが永久にそのまま、ということは、まずないでしょう。それゆえ企業側も、この流動的な世界で生き残っていける人材、継続して事業を展開していくために力を発揮してくれる人材に来てほしいと考えています。

採用の選考でも、そういった「変化への対処ができる人」や「困難な問題にも向き合って成長していこうとする意欲がある人」を見いだそうとしていることを親御さんも認識しておきましょう。

このようなとき、親としてできることは何でしょうか。

それは、社会の動きに敏感になることです。新聞やニュースなどを通して、政治や経済の変化を追ってみましょう。親子で関心を持ち、政治や経済のことを意識的に、家庭の話題にすることです。

ほかにも、仕事の取引先や知り合いが働いている企業など、さまざまな企業でどのようなオンライン化のツールが使われ出しているのか、どのようなシステムが求められているのか、身の回りの情報に関心を持つようにしましょう。そして、それらの情報をお子さんにも伝えましょう。

親だって、さまざまなことが変わっていけば、不安な気持ちを抱くでしょう。ですが、自分たちの心持ちとして、「この先どうなるんだろう、変わらないでほしい」とは思わないでください。

「世の中は変化するものだ。採用も企業の活動のひとつだから、世の中の変化に沿って変わっていくことはあり得るよ。その中で最善を尽くそう」

そんな気持ちを持ってお子さんに接してみてください。

2 就職先として人気の業界はどこか

親世代や10年前の就職人気企業と今を比較する

ここまで現在の就活の状況や方法についてお伝えしてきましたが、皆さんの時代の就職人気ランキングでは、どんな業界や企業が人気だったでしょうか。当時、景気のよかった業界は、今どうなっているのか見ていきましょう。

親世代で就活の時期を迎える人が多かった1990年は、ちょうどバブル絶頂期でした。

当時、業績絶好調だった総合商社や金融業界、華やかな存在の広告代理店などがランクインしています。ベストテンには入っていませんが、ソニーやNEC、東芝など、日本のものづくりを得意とする企業の業績がよく、人気を博していたのもこの頃です。

時代とともに移り変わる
就職人気企業ランキング（文系総合）

※出典：マイナビ（社名は調査当時の名称）

	1990年卒	2010年卒	2021年卒
1位	三井物産	ＪＴＢグループ	ＪＴＢグループ
2位	三菱商事	資生堂	全日本空輸（ＡＮＡ）
3位	ＪＴＢ	全日本空輸（ＡＮＡ）	東京海上日動火災保険
4位	ＪＲ東海	三菱東京UFJ銀行	日本航空（ＪＡＬ）
5位	ＮＴＴ	日本航空（ＪＡＬ）	オリエンタルランド
6位	伊藤忠商事	ベネッセコーポレーション	伊藤忠商事
7位	電通	オリエンタルランド	ソニー
8位	住友銀行	ＪＲ東日本	味の素
9位	全日本空輸（ＡＮＡ）	三井住友銀行	ニトリ
10位	第一勧業銀行	サントリー	ソニーミュージックグループ

大手ブランド志向が強かった90年代に比べ、次第に「興味」や「楽しさ」が企業選びの基準になり、人気業界が多様化してきている

その後、1992年あたりにバブルが崩壊し、1993年から2004年頃までの就職氷河期といわれた時代には、求人倍率が大きく下がります。

その時期を過ぎて2005年あたりから2008年頃までは学生の売り手市場が続くのですが、ここで激震となったのがリーマンショックです。

新卒の採用は再び停滞し、内定取り消しなどの問題が起こりました。その後東日本大震災を経て2013年頃までは、非常に厳しい就職状況が続きました。この20年間に総合商社や金融業界の企業や広告代理店は就職ベストテンからほとんど姿を消し、人気企業は分散化しています。

2021年卒の人気企業ランキングを見てみると、2015年頃から続いている学生の売り手市場です（注：新型コロナウイルス流行以前の調査によるもの）。

旅行業界やアミューズメント、航空業界など、学生が普段から利用していて「楽しそうな」「イメージしやすい」業界の企業がランクインしていることがおわかりでしょう。

国の後押しで、世界中から観光客を大きく呼び込み、業界の展望が明るいことも人気に拍車をかけています。また、親世代の就職で人気だった総合商社や金融、電機などの製造業の順位はやはり下がっています。

新型コロナウイルスの影響での変化は？

このまま売り手市場が続くかと思われた2020年、新型コロナウイルスの脅威により、企業の採用活動の状況は一変しました。

リクルートキャリア社によると、2021年卒の内定率は2020年7月現在で73・2％と前年を12％ほど下回っており、採用活動の遅れ、内定時期の後ろ倒しが目立ちますが、80％以上の企業が採用数は当初の予定通りとしています。

多くの業界では人手が足りていなかったこともあり、コロナ後にもオンライン化に対応しながら採用活動を続けていく見通しです。

しかし、次の一部の業界では大きく業績を落としているため、短期的には先行き不透明で、採用活動にも大きな影響がありそうです。

- 旅行業界
- 航空業界
- 飲食業界（特に居酒屋チェーンなど）

近年の就職人気ランキングにも入っている人気企業も含まれているだけに、がっかりしている学生は多いと思われます。

そのほかにも、新型コロナの影響が直接の原因ではなく、もともと業績が下がってきていた百貨店やアパレル業界の一部の企業は、今後さらに厳しい状況になることが予想されています。また、低金利が恒常化している銀行も業績が低迷しています。

長い目でみれば、どの業界も取り巻く環境は変化するものですから、今の業績に一喜一憂する必要はないでしょう。

ただし、『日経業界地図』（日本経済新聞社）や『会社四季報業界地図』（東洋経済新報社）などを読むと、「業績が低迷する要因が業界自体にあるのか」「今後の展望はあるのか」といったことが、ある程度、予想できます。

また、同じ業界の中でも「業績が伸びている企業」と「業績が落ち込んでいる企業」がありますから、学生の目から見た「何となくよさそうなイメージ」で志望先を決めるのではなく、客観的な視点を持ってとらえてみることも必要なのだと、お子さんにも伝えてあげるとよいでしょう。

新しく伸びてきた業界とは

もちろん、学生の人気ベストテンだけでは社会全体の状況は測れません。30年前にはなかった注目度の高い新しい業界も整理しておきましょう。

1 巨大IT企業

Google、Apple、Facebook、Amazon.comなどです。

この4社は頭文字を取って「GAFA（ガーファ）」と呼ばれ、インターネットサービスの分野で絶大な力を持っています。AI（人工知能）のさらなる発展により、これからますます業績を伸ばすでしょう。すべての会社ではありませんが、新卒採用も行っています。

2 デジタルやテクノロジーを使ったサービス

自動車業界などの従来からある業界とデジタルサービスのコラボレーションも今後進んでいきます。車や人の移動に関わるデータを使い、「地域ごとに昼間はどれくらいの台数の車が通っているのか」など、ユーザーが求める情報をその都度提供していくオンデマンドサービスなどです。

こうしたコラボレーションは、医療や健康関連業界とのコラボ、金融関連とのコラボなど、多くの分野で進んでいくでしょう。

スマホ関連業界は30年前にはなかった業界ですが、もはや単独では成熟産業です。収集したビッグデータ（従来のシステムでは管理や分析が難しいほど巨大で複雑なデータ）を活用して、どのようにビジネスに役立てていくかが今後のカギとなるでしょう。

3 ロボット・ドローン

この先も「人材不足をロボットで補う」という路線は続くので、世界的なロボット需要は手堅く、部品供給メーカーなど、この分野の企業は確実に成長するでしょう。ただし、産業用ロボットについては、中国国内のビジネスの伸びや米中貿易摩擦の動向がカギを握っています。ドローンに関しても、数年前では考えられなかった使い方も登場しているので、さらに市場価値が上がっていく可能性があります。

4 VR・AR

5Gといわれる携帯電話などに用いられる次世代通信規格の「第5世代移動通信シ

30年前にはなかった 新しく伸びてきた業界・企業

1. 巨大ＩＴ企業

G A F A

GAFAと呼ばれる企業群

2. デジタルサービス

既存の業界とのコラボ

3. ロボット・ドローン

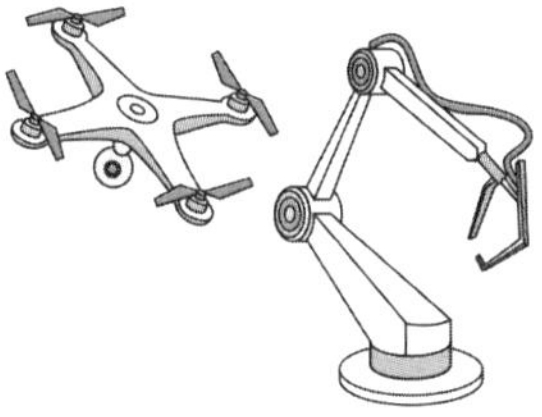

部品供給メーカーの成長

4. ＶＲ・ＡＲ

5Gの商用化で期待高まる

あらゆる場面でＩＴ技術を活用した製品・サービスが今後もカギとなる

ステム」が商用化されました。それにより、ヘッドマウントディスプレーやスマホで楽しむ仮想現実のVR、実際の風景にバーチャルの視覚情報を重ねて表示することで、目の前にある世界を「仮想的に拡張する」拡張現実のAR（例えば「ポケモンGO」）といった新たなサービスに期待が高まっています。手軽に使えるサービスもさらに増えていくでしょう。

社会全体のキーワードは「グローバル＋ローカル」「デジタル」「安全」

GAFAが日本の私たちの生活の中にも深く関わってきている今、新型コロナウイルスのことがあっても、今後もグローバル化の波は止まらないでしょう。

それは私たちの使っている日用品がどこの国で作られているのかを考えてみればよくわかります。一見、日本の企業が製造しているように思える製品も、ベトナムやタイ、中国で主に生産されています。日本の小売店で販売されている製品でも、外資系企業で作られている製品はたくさんあります。今やモノに関しては、日本製なのか海外製なのかを意識すること自体、まれなのではないでしょうか。

ただし、「場所」については、よりローカルな地域や地方密着型の活動が増え、「場所」に価値を見いだすビジネスの商機が高まる可能性があります。

業務のオンライン化が進み、都会に住むことの優位性、いわゆる都会の「地の利」が弱まっていくと思われます。具体的には、ローカルな地域に住みながら、その地域に対するビジネスを進めるのと同時に、世界全体と直接ネットでつながって世界市場を相手にしたビジネスも可能になるということです。要は、グローバルとローカルが融合した世界です。

こうしたビジネスを実現していくうえで、少なくとも英語のスキルは今後も求められていくでしょう。社内や取引先との共通言語として使われるのは、やはり英語です。

就活のために何か資格の取得や勉強をしようと考えているお子さんには、英語の勉強をオススメします。ＴＯＥＩＣテストなどの受検もモチベーションアップに役立つと思います。

デジタルは、若い世代にとっては空気のように当たり前な存在です。

デジタル事業に関わる業界の伸びが見込めるということだけでなく、ＩＴのスキルはこれからの仕事にますます求められるようになっていきますので、ＩＴリテラシーが高いことは、今後、あらゆる業界で役立つでしょう。

お子さんにとってはスマホがラクで自然なツールかもしれませんが、会社の業務にメインで使うPCに慣れておくのも大切なことです。

マイクロソフト社のOS「Ｗｉｎｄｏｗｓ10」の使い方やキーボードを使ったローマ字入力に慣れておくことなど、最低限のPCの操作法は身につけておきたいです。

また、プログラミングの勉強やインターネットまわりのセキュリティの知識、SNSの使い方と注意点などについて学ぶのも有意義なことです。

最後のキーワードは「安全」です。

これは、新型コロナウイルスのような感染症に対することだけでなく、テロやサイバー攻撃など、国や企業を脅かすリスクをともなう事象が多く発生する現代に、より重要となってきたキーワードです。

また、自然現象も大きな脅威です。日本の年平均気温は、世界の年平均気温と同様、変動を繰り返しながら上昇しており、長期的には100年あたり1・24℃の割合で上昇しています。豪雨や大雪による災害も頻繁に発生している反面、雨が降らない日が続くこともあります。高温による熱中症も増加し、地球温暖化の問題が世界規模の問題となっています。

このような社会や環境では、持続可能（サスティナビリティ）な事業を行っていく必要性が増しています。

再生医療や発電などのインフラ、医療機器、生活用品など、いろいろな意味での「安全」に関わる産業がこれからも必要とされ、伸びていくことが考えられます。

志望先の選択肢として、社会や人々の「安全」に貢献する業界や企業を研究してみるのも一案です。こうした視点をお子さんに情報として伝えてみるのもよいでしょう。

3 大きく変貌した業界① 広告「つくっているものが変わった」

親世代と今の時代の就活のやり方が異なるように、親世代と現代では大きく変わってしまった業界があります。それに気づかず、アップデートされていない親の感覚でアドバイスしてしまうと、子どもの頭を混乱させかねません。

ここからは、変化の大きい5つの業界の現状について解説します。何が変わっているのかを理解して、お子さんとのコミュニケーションに役立ててください。

まず、ここ十数年で大きく変化した「広告業界」を見ていきましょう。

インターネット広告を得意とする企業の躍進

親世代の就活時期に「広告」と言えば、まず電通と博報堂という2大広告代理店を思い浮かべたものです。また、広告とは何かと言われたら、テレビコマーシャルや新聞・雑誌などの広告をイメージしたと思いますが、現在は「インターネット広告」が大きな割合を占めています。

2020年3月には、インターネット広告費がテレビメディアの広告費を抜き、2兆円を超えました。それにともない、30年前には存在しなかったサイバーエージェントなどのインターネット広告事業を手がける会社が業界で大きな存在となっています。業界は今再編の大きな波の中にあり、ネット広告の躍進はコロナ収束後の状況でも続いていくでしょう。

ネット広告の仕事に携わりたいという希望があるなら、広告代理店ではありませんが、GoogleやヤフーＬＩＮＥといった会社を視野に入れるのも一案です。例えば、GoogleのグループであるYouTubeも広告を取り扱う媒体です。

ネット広告は、SNSや検索エンジンとの連携でも盛んに行われるようになってきていますから、より視野を広げて志望企業を検討することをオススメします。

広告業界に興味があるお子さんは、「何かを企画したい、自分の発想したものを世の中に広めたい」などの意欲がおありなのではないでしょうか。親世代のイメージする広告代理店の社員は、どちらかというと「体育会系で体力勝負のイケイケどんどん」といったザ・営業マンの要素が強いような気がします。親が就活していた頃とは広告そのものだけでなく、広告代理店で働く人の資質も違っていることを知りましょう。

働く人に求められる能力も変わってきている

おおよそ2000年以前の広告は、テレビCMや新聞広告などの不特定多数の人々に向けた発信がメインでした。

しかし今の広告は、不特定多数に向けたものだけではありません。FacebookやInstagram、LINEなどのSNSにも発信しているため、どの年代、性別、どんな趣味嗜好を持つユーザーに見られているか、どのような層が関心を持っているのかまでデータで読み取ることもできます。

そのため、クライアントに「○○を好む△歳くらいの女性に○○の商品情報を届けたい」という要望があれば、ピンポイントで効果的に届けることも可能になりました。

こうした進化を遂げているので、広告業界に「求められる力」も変化しつつあると言えます。

もちろん、「広告の契約を取る」という目標達成に向けて体力を使って頑張る力や、さまざまなアイデアを発想するクリエイティブな力が必要なことは言うまでもありません。それプラス、さらに求められているのが、次のような能力です。

- **世の中のちょっとした動きも敏感に感じ取る力**
- **データや情報を探し、それを駆使して人々の動きを読み取る力**
- **いろいろな媒体、メディアを組み合わせ、アイデアを使って世の中に伝えていこうとする柔軟な発想力**

もし、お子さんが広告業界を目指しているのなら、自分の発想やアイデアだけに固執するのではなく、「どのようにしたら伝わるか、どのようにしたらうまくいくか」といった解決方法を考えながらアイデアを形にしていく「相手目線の視点」が大切なことを伝えてあげるといいでしょう。

4 大きく変貌した業界② 公務員
もはや単なる「ルーティーン」ではない

親が考える「子どもに就いてほしい職業」で人気が高い職業は公務員です。

化学メーカーのクラレの調査によると、11年連続で、小学6年生の男の子に就いてほしい職業1位が公務員でした。それほど親にとっては人気の仕事ですが、なぜこんなに人気があるのでしょうか。

ひとつは「安定していてずっと働き続けられる仕事だから」という「安定」が理由です。たしかに公務員は、よほどのことをしない限り、解雇されることはまずない職業です。親がいかに子どもに「安定・安心な生活を送ってもらいたい」と思っているかが窺《うかが》えます。

もうひとつは「残業が少なく、実家からも通えて、仕事が比較的ラクだから」という漠然としたイメージが理由なのではないでしょうか。

でも、果たしてこのイメージは実態に合っているのでしょうか。

転職を希望している公務員が急増ってホント？

「公務員」と漠然と一括りにしていますが、ご存じのように、公務員にはいくつかの種類があります。ひとつは官庁などの国の機関で働く国家公務員。総合職、一般職、専門職があります。もうひとつは地方自治体の公務員。都道府県や区市町村ごとに募集がなされ、県庁や市役所、東京都なら特別区などで働きます。

このうち「実家から通えて安定していて残業も少なく、仕事もラク」とは地方自治体の公務員を指すのかと思われますが、２０２０年３月に公務員の転職希望者が急増しているという報道が日経新聞でありました。激務の国家公務員だけでなく、地方公務員にも転職希望者が増えているということです。

この報道によると、転職サイトへの公務員の登録が２０１９年後半に大きく増えていて、民間への流出が多くなっていると言います。

たしかに国家公務員は以前から激務と言われています。国会における政治家への対応などを見てもわかるように、ときには深夜まで残業をして答弁の準備をする必要もありますし、国家の重大事や予算編成などの際にとても仕事が増える役割なので、そこから転職したいという人がいても不思議ではありません。

しかし、地方公務員は、そこまでの仕事量はないのでは？

そう考えた人は、近年の気候変動による災害を思い出してみてください。台風や大雨による被害、地震などの緊急事態における避難所での対応は激務です。イレギュラーなイベントとして、例えばオリンピックや万博などへの対応もあります。最近では、そこに新型コロナウイルス感染対策関連の業務も増えています。


また、地方公務員の仕事の変化の大きな要因として、2000年の地方分権一括法の制定が挙げられます。

制定以前は、地方公務員は国の指示に従って動いていた部分が多くありました。例えば、「国から言われたとおりに指定された期限内に仕事を正確に終える」とか「年度末の無理な国の要求にも淡々と応えることができる」といった課題をクリアした職員が優秀とみなされた時代です。

しかし制定後は、国との関係が対等なものとなり、「自分の仕事に関して、将来負担も含めて説明責任を果たし、自分で考え決断できる」とか「国を説得し、住民の理解を得て、議会の議決をもらって施策を打ち出せる」という職員が必要とされるようになり、求められる役割が変わってしまったのです。

「自分がこの自治体で役に立ちたい」という強い使命感が必要

地方公務員の採用試験には小論文があります。その中で、志望動機やこの自治体に入ってやりたいことなどについて具体的に説明するよう求められます。

面接では、この自治体の職員としてどのような役割が求められるか、なぜそれを志したのかについて何度も深堀りされます。

公務員として働き続けていくためには、強い使命感が必要なのです。不測の事態は今後も次々に起こるでしょう。不測の事態にも柔軟に対応できる気持ちの強さと責任感が求められているのです。

今の地方公務員は「安定したラクな仕事」ではなさそうです。指示されたことをそのまま行っていればOKという仕事ではないのです。

細々とした業務をこなしつつ、よりよい地域づくりを目指す

地方公務員にもさまざまな職種がありますが、いわゆる役所に勤めているような行政職の場合は、福祉、健康、文化、まちづくりなど、地域の人々の生活や産業に密着

した細々とした業務をしています。職場環境は、非正規雇用（いわゆるパート）が多く、おそらく自分よりもかなり上の年齢の人が多いです。中には、2000年以前の価値観や仕事の仕方を変えようとしない、変えられない先輩・上司もいるでしょう。

「地域をよりよくしたい」と大きな夢を持って入庁、入所した若手にとっては、自分の提案したことがいつになっても通っていかない現状もあり、その点はストレスになるかもしれません。

リストラで辞めさせられることはなく、収入的にも環境的にも安定している仕事ではありますが、実際のところ、「大きな役割」と「細かい小さな実務」のバランスをとることが求められている現状を、親としても知っておきましょう。

5 大きく変貌した業界③ 銀行
かつての花形から大変動

以前は就活戦線の花形だった金融業界について見ていきましょう。銀行（メガバンク、地方銀行）の今と昔の違い、現状について詳しくお伝えしていきます。

かつては、うらやましがられる就職先だった「銀行」

親世代が就職を考える時期だった1980年代後半や1990年代前半は、まさにバブルが始まり、金融業界が最盛期の時代です。

銀行はバブルの要因となった土地取引を行わせるために、土地を担保にどんどん融資し、メガバンク同士、その地域の地方銀行同士で他行を追い抜こうと熾烈な融資合戦をくり広げていました。急激な円高が起こり、株価も上昇していた景気のよい時代で、銀行は融資先を探し、あまり審査を厳密にせずに積極的に融資をしていたのです。

この頃、就職先としての銀行は、今よりもずっと人気がありました。先の1990

年の就職人気ランキングでもメガバンクが2つ入っていますが、銀行員といえば、「安定した高収入」で信用力も高く、メガバンクは周りからうらやましがられる就職先でした。地方銀行も、その地域で公務員と並んで学生が殺到する企業で、しかも毎年多くの人数を採用するため、その地方にずっと住みたい人や、実家のある地域に帰りたい学生などには志望度が高い企業でした。

大きく様変わりした銀行を取り巻く状況

しかし、その後の銀行を取り巻く状況は予想外のものになっていきます。

記憶している方も多いでしょうが、バブル崩壊後に景気が悪化して、銀行の担保に入っていた土地の価格が大幅に下落し、「不良債権」が溜まり、膨大な債権の処理に長い年月がかかりました。

一部の銀行に公的資金が投入される事態になり、銀行の再編も進みました。その後、法律が制定され、今度は金融自由化の波が来ました。

銀行業だけでなく、証券、保険取引、海外への資金移動の自由化など、金融業態の垣根が取り払われ、銀行はより自由にさまざまな取引を行えるようになりました。

やっとバブル崩壊後の処理が終わり、景気が回復してきた経済を襲ったのが

2008年のリーマンショックです。世界同時株安が起こり、日本も多大な影響を受けました。日本の多くの企業の業績も悪化しましたが、銀行に次の波が来たのは、2012年以降のアベノミクスでの金融緩和低金利政策によるものでした。

なかなか不況やデフレから脱却できない日本の経済を再生させるために、日本銀行は、非常に低い金利政策をとり続けています。しかし、銀行のビジネスモデルの中心は、預金等によって調達した資金を貸出や日本国債をはじめとする有価証券によって運用することですから、この金融緩和政策による国内金利の低下によって、調達資金を運用することが難しくなってきているのです。

特に厳しい地方銀行は、店舗の統廃合も

このような低金利が長期間続いている状況から、リテールという個人の顧客への営業に力を入れ、高い手数料を得ようとしている銀行も多くなっています。これまで収益のメインだった法人顧客からは収益は望めないためです。

メガバンクよりも資金の基盤が強くない地銀は新たな顧客の開拓をしたいところですが、地方のほうが人口も減少し、そうそう優良顧客もいない……。収益が悪化している地銀の中には、給与体系の見直しをしたり、ほかの地銀との再編を進めたり、店

舗を閉鎖し統廃合して人員を減らしているところも出てきています。

業界全体で見ても、銀行員の転職が2013年頃から増加している（リクルートキャリア社調べ）のも、今後の見通しに不安を持っていることが関係していると思われます。また、メガバンクと地銀で比較した際、3年離職率は地銀の方が高い傾向にあります。

銀行の仕事に求められるもので、変わらないもの・変化したもの

もうひとつ認識しておきたいのは、銀行業務へのＡＩ（人工知能）の導入の増加についてです。厳しい時代の競争を生き残っていくために、定型的な仕事はＡＩ（人工知能）に任せ、窓口や支店の業務の人員を削減しようという動きはメガバンクでも起きています。おそらく「一般職」と呼ばれていた社員の採用はなくなっていくでしょう。

銀行に残る総合職であっても、今後の厳しい状況を乗り越えていくために、「社会や経済の変化を素早くキャッチし、自分から顧客の課題を解決できる提案ができること」「経営者や個人の富裕層の顧客に本音から頼りにされること」などの資質が求められます。

これからの銀行は、ただ融資を行い、審査して許可するといった仕事ではなく、より個々の顧客のソリューション（課題解決）を行っていくことが求められるのです。

「銀行に興味がある」というお子さんの中には、「お客様のお金を預かる仕事」とか「地域の役に立てる仕事」というような漠然としたイメージを抱いている人がいるかもしれません。

親としては、これまでの日本経済に起こった出来事や金融政策がどのように人々の暮らしに関わっているのか、新聞やビジネス誌などを読みながら伝えていくことも役立つでしょう。

実務で言うと、銀行の仕事をするうえで、簿記は役立ちます。会社の決算書が読めるようになるからです。試験に合格とまで行かなくても、知識をつけるために日商簿記検定3級、2級などの勉強を始めておくと後々の仕事にも役立ちます。そして、就活でのアピール材料にも使えます。

6 大きく変貌した業界④　IT系情報サービス　採用人数が激増

IT系の情報サービス業界は、常に変化をし続けている業界です。これまでの変遷を振り返りつつ、最新状況について解説していきます。

IT系の業種には、音声データ通信（つまり携帯電話など）のネットワーク関連サービスを提供する電気通信事業、主にソフトウェア開発やクラウドサービス開発を行う情報サービス業、ECやSNSサイトの運営等を行うインターネット付随サービス業などが含まれますが、ここでは、主に情報サービス業について見ていきたいと思います。

まだ個人用のPCが普及していなかった時代

親世代が就職活動をしていた頃、日本IBM、NECなどのようなIT系の情報サービス業の企業はもう存在していました。まだPC（パーソナルコンピューター）が一般的に個人で使われているような時代ではなく、大企業のビジネスでコンピューターが使われており、そのプロジェクトのシステムを開発するエンジニアやサービスを販売する職種などで募集がありました。

新たなテクノロジーが生まれ、ＩＴ業界の産業や仕事自体が増加

その後、１９９０年代にＰＣが一般家庭にも普及し始め、マイクロソフト社のＷｉｎｄｏｗｓ95などのＯＳが広まりました。インターネットを使ったさまざまなサービスを多くの人が気軽に使えるようになり、鉄道、電気、金融、流通などあらゆる産業の中にＩＴ技術が用いられるようになりました。

２０００年代以降の大きな変化は、クラウドサービスの開始と普及です。それまで企業のデータを自社のネットワークサーバーに蓄積する必要があったものを、サーバーを持たなくてもインターネットを経由して運用することが可能になりました。現在では、企業どうしのビジネスだけでなく、ＧｏｏｇｌｅのＧｍａｉｌなどのように、インターネットを使う一般の人たちも広くクラウドサービスを使えるようになっており、その裾野は格段に広くなりました。

このようにＩＴ業界では常に新しい技術が開発され、それが社会に普及しています。

経済産業省の調査では、２００９年と２０１７年を比べると、ＩＴ情報サービス業の売上は、約10兆円から約17兆５千億円と１７４％に増えています。

また、この産業に関わるエンジニアの人員はさらに必要とされています。文部科学省の学校基本調査によると、情報処理・通信技術者へ就職した新卒者は、２０１４年度の約１万９千人から２０１８年度には約２万８千人に増加しています。

今後も増え続けるエンジニアの求人予想

これだけ人員を増やしていても、今後さらにＩＴ情報サービスの人材は必要とされているのでしょうか。

答えは「ＹＥＳ」です。

将来的には、今以上に人材不足が深刻化することが予測されています。

ますます少子化が進むということや、ビッグデータ、ＩoＴ（インターネット・オブ・シングス。例えば家中の家電などあらゆる物がインターネットで結ばれるしくみ）などの先端ＩＴ技術を扱う人材がもっと必要になること、今よりも介護や農業などあらゆる産業でＩＴ技術が使われるようになることなどがその理由です。

この業界に関しては、採用人数が減少するということは考えにくいでしょう。

どんな技術を使ってみたいのか、どんな仕事をしたいのか考える

ＩＴ情報サービスを志望する場合、最新の情報を集めて、自分の進みたい分野をしっかりと考える必要があります。

この業界は技術革新の速度が速く、ひとつの企業の中でも複数のビジネスを行っていることがよくありますし、Ｍ＆Ａなども盛んです。興味があった部門がほかの企業に買収されるということもありますので、最新の情報をよく調べるようにお子さんにも伝えてください。

エンジニアの職種が主となるので、自分のキャリア設計も見据えて、「どういう技術が使われているのか」「自分は何をすることになるのか」「今後どのようなものに携わりたいのか」を考えた企業選びが大切です。

人材不足なこともあり、理系だけでなく、文系の学生にも広く門戸を開いている企業がほとんどですので、文系でこの業界を考えているお子さんには、インターンシップなどで詳しく仕事の内容を知ることを勧めるとよいでしょう。

意外と求められるコミュニケーション力

「この業界では理数系に強いことが求められるんじゃないか」と思っている人がいるかもしれません。たしかに、ある程度の数学の力や論理的思考力は求められますので、筆記試験ではCABの準備をしておくことをオススメします（31ページ参照）。

ただ、意外と求められるのが、コミュニケーションの能力です。

この業界での仕事はプロジェクトチームを組んで行われますので、大勢のメンバーと協働して一緒に物事をやり遂げる必要があります。

将来的にはプロジェクトマネージャーとしてリーダーシップを発揮する場面も必ず出てきます。

社外においても、顧客のニーズを汲み取る力や、顧客に説明して納得してもらう場面が多々あります。数学的なことは苦手だけど、コミュニケーションが得意なお子さんであれば、このことを伝えてあげるとよいですね。

また、逆に理系の学生で、人と話すのが苦手、人と話す経験が少ないというお子さんであれば、対人的なアルバイトをやってみるのも、よい社会勉強になるでしょう。

7 大きく変貌した業界⑤ 人材
法律改正で急成長

人材業界は親世代の頃からありましたが、ここまでの規模ではありませんでした。IT系と同様に拡大を遂げた業界の現状を見てみましょう。

労働者派遣法施行後に急成長した業界

人材業界とは、「求人広告」「人材紹介」「人材派遣」「業務請負」「再就職支援」「人材サービス（教育研修やコンサルティングなど）」の6種類に分けられ、1986年の労働者派遣法施行、1999年の改正での派遣自由化、民間での有料人材紹介業解禁後に急速に規模を拡大しました。2017年には主要な「人材紹介」「人材派遣」「再就職支援サービス」の合計が7兆円を超え、その後も伸び続けています。

親世代が新卒で仕事を始めた頃には、派遣での仕事は、ほとんどなかったのではないでしょうか。

また、中途採用の求人広告も雑誌媒体しかなかったはずです（『とらばーゆ』など）。インターネットの普及と法律の改正が、地方に住んでいる人や就業中の人の職探しを便利にし、公的な職業安定所（ハローワーク）ではないところでの応募者を増やしました。

コロナ後の動向は短期と長期で異なる

2020年は人材不足の売り手市場が続いていましたので、人材派遣業では外国人労働者の一部職種の受け入れなどにも期待が集まっていました。しかし、新型コロナウイルスの脅威により、事態は一変しました。

短期的には派遣社員の雇止めなども起き、企業側の求人も減少しました。

ただ、もともと人員不足で売り手市場だったので、2021年などの状況は、ある程度改善していくでしょう。特に、元々人手が足りなかった建設業界の請負業務、介護職、ＩＴ系のエンジニアなどは引き続き需要が多いと考えられます。

新たなビジネスも登場してきている

このように比較的新しい事業である人材業界のビジネスに、2016年頃から、さらに新たなビジネスモデルが登場してきています。

ひとつはAIを使った人事コンサルティングのサービスです。

これは、クラウドサービスを活用して、会社全体の人事戦略や人事制度、労務管理、採用のしくみなどを運営・管理するようなサービスです。これによってコストや人件費を削減できる、関わる労力をもっと少なくできるため、リモートワーク化の促進などが期待されています。

また、人材会社大手の海外進出が加速しています。世界各国に活動拠点を広げ、海外の人材サービス会社の子会社化、提携を進めています。

例えば、パーソルホールディングスはベトナムの大手人材会社を買収し、既存の子会社と連携させ事業の拡大を図っています。ほかにもパソナグループは、インドネシアの大手人材派遣会社を子会社化し、人材派遣業や教育研修業を展開しています。

人材業界を志望するお子さんは、人材業界というと、人と関わって人のキャリアや成長をサポートするというような側面を強くイメージするかもしれませんが、IT技術を使って企業の経営課題を解決するような仕事もありますし、基本的にクライアントは企業なので、企業側の採用のニーズや人材不足の課題を見つけることが必要な場も多いことを話していただくとよいでしょう。

もちろん人の就職や転職など、人生の転機に関わる仕事なので、多くの人と出会うことに興味があり、一人ひとりの人生に影響を与えているのだということを喜びのモチベーションに変えることができる人、ビジネスの視点と人への共感のバランスがとれる人には向いていると思います。

8 自分で情報収集するにはこんな方法がある

ここまで見てきたように、社会情勢や業界情報は大きく変革しています。よって、就活には情報収集が欠かせません。親としても、どのような方法があるか知っておきましょう。

※情報収集の方法は、1から7まで難易度順に並べています。
情報収集難度が**低**（一般的で幅広い、誰にでも手に入る情報）
← 情報収集難度が**高**（手に入りにくいが個別の生でリアルな情報）

1 リクナビ、マイナビの2社を中心とした老舗大手就職情報サイト

「リクナビ」はリクルートキャリア社、「マイナビ」はマイナビ社が運営する新卒学生用就職情報サイトです。

毎年、翌年卒業の対象学年向けに新しくサイトが開設され、両方とも2万件以上の求人情報が掲載されます。

また、求人情報だけでなく、就職対策に役立つ自己分析の方法、就活マナーの情報や業界研究などもたくさん掲載されています。

どちらかにしか求人を載せない企業もあるので、両方のサイトに登録したほうがよいでしょう。

最近では、毎年、インターンシップ用サイトも両方のサイトでつくられています。こちらは大学2年生、3年生などの時期から活用できますので、早目に登録しておくと、業界研究の説明会や企業のインターンシップ開催の情報、合同説明会などのイベント情報も手に入ります。

注意点は、この大手2社にすべての求人が掲載されるわけではないことです。これらのサイト以外で募集をする企業もありますので、そのほかの就職サイトも調べてみるとよいでしょう。一例として、外資系企業に強い「キャリタス就活」、中堅企業やベンチャーに強い「あさがくナビ」などがあります。

就活における情報収集手段まとめ

低

情報収集難度

高

1. 老舗大手就職情報サイト
2. 就活情報の書籍

3. 企業のホームページ
4. 新興就職情報サイト
5. 就職説明会

6. 新卒用人材紹介エージェント
7. OB・OG訪問

2 就活情報の書籍

書籍には、求人サイトよりも詳細で深い情報が種類別に書かれています。
書籍は大きく分けて、2種類に分かれます。

〈業界研究用〉業界の特色や今後の展望、企業ごとの情報が書かれたもの
〈試験対策用〉就職試験対策のもの

業界研究用としては、『日経業界地図』（日本経済新聞出版）、『会社四季報業界地図』（東洋経済新報社）、企業ごとの決算の情報や社員の待遇、平均勤続年数などが書かれている『就職四季報』（東洋経済新報社）があります。

試験対策用の書籍は、自己分析、ES対策、筆記試験対策、面接対策に分かれており、書店の就職・試験対策コーナーにさまざまな本があります。どの書籍も重要ポイントが整理されており、わかりやすいです。先輩たちの経験談が収録されている書籍もあって参考になりますから、就活に悩んだときには、ぜひ手に取ってほしいです。

3 企業のホームページ

企業のホームページで得られる情報はさまざまなものがあります。

たいていのホームページに「採用情報」という項目がありますから、それを探してクリックしてみてください。多くの企業は、そこからリクナビやマイナビの採用サイトへリンクするようになっています。中には独自の採用情報を載せている企業や採用向けのサイトを別に設けている企業もありますので、それらもしっかり読んでください。

実は学生にとって、企業のホームページは情報が多すぎて、どこをどう読んだらよいかわからないようです。もし、親御さんがアドバイスをするなら、まずは採用情報を発信するページ内にある「この企業の特色」「どんな人材を求めているか」「働く社員の声」などといった情報に注目するとよいと伝えてあげてください。

上場企業であれば、決算の情報やＩＲ情報を参考に、今後の戦略や計画、現在の状況を調べることができます。サイトにそういうものが載っていると教えてあげるのもよいでしょう。

4 ワンキャリア、オープンワークなどの新興就職情報サイト

「ワンキャリア」は多くの体験談を集めている新卒向けの就活サイトで、

「OpenWork（オープンワーク）」は転職者が投稿する企業情報の口コミサイトです。

親の感覚では「口コミなんて主観的で信用できないのでは？」と思うかもしれませんが、有象無象のサイトの中でも、この2つのサイトは情報が多く、比較的客観性が高くて信用できるほうだと思います。

ワンキャリアは大手企業、外資系中心にはなりますが、就活生の動きや試験内容を詳しく知ることができるお役立ちサイトで、2018年頃からインターンシップ募集、説明会開催なども行っています。

「オープンワーク」は転職者用ですが、現在（または以前）その企業で実際に働いている人がコメントしているため、リアルな声が聞けます。すべてを読むには登録が必要ですが、人事評価の適正感、待遇面の満足度、社員の士気、風通しの良さ、社員の相互尊重、20代成長環境、人材の長期育成、法令順守意識という8つの視点の社員による会社評価スコアや、働きがい・成長、退職検討理由、女性の働きやすさ、組織体制・企業文化、年収・給与などのカテゴリ別の口コミを読むことができます。

5 就職説明会

企業の話を直接聞くことができる説明会は、ネットでは見られない情報が手に入る場です。

親世代の就活では、企業の情報が掲載された「就職情報誌」を活用して会社説明会を予約していましたが、現在の就職活動は、次のような種類の説明会に参加することで情報を得ます。

・**就職情報サイトが主催する合同説明会**

就職情報サイトに登録すると、多くの企業がブースを出して出展する合同説明会に参加することができます。

年度によって変動はありますが、リクナビは最大数の企業登録で、マイナビは学生登録者数最大、「薬学」「介護」「土木」など専門分野に特化した説明会の開催を特徴としています。

あさがくは主に中小企業中心に求人が掲載されており、キャリタスは外資系企業の掲載が多く、早期からのインターンシップとの連動などに力を入れています。

・**大学内で行われる企業説明会**

採用活動解禁が後ろ倒しになったこともあり、2015年頃から業界研究や企業側の話を伝える場として、多くの企業が力を入れるようになってきています。自分の志望企業の説明会だけでなく、同じ業界の企業の説明会も参考になると思います。

お子さんに自分の大学のキャリアセンターなどで情報をよく調べるように伝えておくとよいでしょう。

・各企業が開催する説明会

リクナビ、マイナビなどのサイトか、企業の公式ホームページで探して申し込みます。人気企業はすぐに満席となってしまうので、早めに申し込みましょう。

このような説明会は、対面式で行われてきましたが、2019年以降、特にコロナ後は、WEB説明会として開催されることも多くなってきました。

地方からの参加が容易になる、大勢の人が申し込みできるなどのメリットも多いWEB説明会ですが、直に質問ができないことが多いなどの欠点もあります。

その点、大学内の説明会などは、その大学の学生しか参加できませんし、さまざまな質問ができる貴重な機会だといえるでしょう。

２０１５年頃より、新卒の採用でも人材紹介エージェントが活用されるようになってきました。

特に理系のエンジニア職などは人材不足ということもあり、登録しておくと企業とのマッチングを仲介してくれる場合もあります。

学生側の費用は無料ですし、外資系、ベンチャー企業、中堅企業で自分が探せないよい企業との縁をつないでくれることがありますので、活用できそうな人は活用してみてはいかがでしょうか。リクナビ、マイナビなどのサイトでも別サービスとして企業とのマッチング紹介を行っています。

7 OB・OG訪問

新型コロナウイルス感染対策の関係で、２０２０年は実施が難しかったと思いますが、やはり、直接、その企業で働く人から話を聞くことができるのがＯＢ・ＯＧ訪問のメリットです。

特に、第一志望の企業の場合には、複数の人に会い、多面的に話を聞くとよいでしょう。研究室、ゼミ、部活動、サークル、アルバイトなどのネットワークや大学のキャリアセンターの登録者の中から先輩を探すことが主な手段ですが、中には企業が直接紹介してくれる場合もあります。また、2016年頃からマッチングアプリも使われ、広まってきました。

母校の先輩のみ訪問できるビズリーチ・キャンパス、すべての社会人が企業公認で登録しているHELLO、VISITSなどが活用されています。

現在は、忙しい社会人に合わせて、1対1のオンラインで会う形式も増えてきました。電話でもWEBでも、働く社会人からナマの情報を聞く機会は貴重です。

注意点は「セクハラ」「パワハラ」などの被害を受けないようにすることです。女子学生がOBの男性から居酒屋で会うことを強要されるなどの問題も起きていますので、企業も公認しているサイトを通して探すほうが安全です。実際に会うという場合も、「会うのは周囲に人がいるカフェなどの場所を選ぶ」「夜には会わない」など、二人きりにならないように留意します。

もしも、親御さんからお子さんの志望に沿った業界の社会人を紹介することができれば、それはとてもよい方法です。よい人がいればお子さんに話してみましょう。

9 インターンシップとは何か？

ここではインターンシップについて、もう少し詳しくお伝えしたいと思います。

なぜなら、近年、インターンシップを導入する企業が増え、就活のやり方への影響も大きくなっているためです。親世代はほとんど経験していないインターンシップをこの機会に把握しておきましょう。


業界研究や仕事体験、社会で働くということを知る目的で行われるインターンシップは、かつては学生相手には使われていませんでした。しかし、リクルートキャリア社の就職みらい研究所によると、2019年度には企業の95%が実施し、学生の約7割は何かしらのインターンシップに参加しているという状況になっています。

これほどメジャーな存在になったのは、やはり、企業と学生、双方にメリットがあるためです。

内定者にインターンシップ経験者がいる企業は8割

同じく就職みらい研究所によると、２０１９年度の内定者の中に、その企業のインターンシップ経験者がいる企業は77・5％でした。

売り手市場だった状況で、企業の最も大きな課題のひとつが「学生に対する自社の認知度」だったため、企業にとって学生に自社の存在を知ってもらい、魅力に感じてもらう機会でもあるわけです。

また、一般的な学生は、自分のアルバイトの経験や買い物などの体験、テレビで流れるＣＭなどの情報でしか、その企業を知らないことが多いです。いわゆる社会でメジャーではない企業、自分の身近ではない業種についてはあまり知りません。

そのため、インターンシップ体験（またはインターンシップ応募）を通じて、自分の未来の職場のイメージを新たに深めることができるのです。

もし、お子さんが志望業界についてまだ迷っているようなら、前のほうでお伝えした書籍『業界地図』などをプレゼントして、一緒に見ながら話をしたり、ご自身のお知り合いが勤めている会社の情報を伝えてみるなど、何気なくインターンシップ参加を（強要にはならないように）勧めてみてはいかがでしょう。

インターンシップの種類はさまざま

では、実際にインターンシップにはどんな種類があるか見ていきましょう。

1 インターンシップに応募するときの方法

・大学を通じて応募する
・リクナビ、マイナビなど大手就職情報サイトを通じて応募する
・人材紹介エージェントを通じて応募する

学生の多くは、大手就職情報サイトを通してインターンシップの募集を知ることが多いようです。このほかにもイベントホールで行われるような合同会社説明会などに参加して情報を得られることもあります。合同会社説明会は、一度に多くの企業に出会うことができる場でもあり、知らなかった企業との出会いの機会にもなります。早い時期に足を運んでみて損はありません。

2 インターンシップの期間

・数カ月の長期インターンシップ。週1日など、定期的に実施されます。
・2日〜2週間程度の集中インターンシップ。夏休み、冬休みなどに実施されます。
・1DAYと呼ばれる短いもの。中には半日コースもあります。

以前は長期インターンシップや集中インターンシップでの職場体験コースがほとんどだったのですが、限定された数の学生しか体験できないため、現在は短期が非常に多くなっています。

1DAYは、ほぼ「会社説明会」のような現状になっています。ただ、これですと学生側から「職場の体験が少ない」という不満も出てくるので、「仕事の体験ワークプラス業界や企業、働く人の声が聞ける説明会」といったものも多くなってきています。

3 専攻別のインターンシップ

・「総合」というような名で、全学部が応募できるもの
・「理系」「技術系」といった名で、限られた専攻の学生のみ応募できるもの

インターンシップの種類はさまざま

1. 応募手段

- 大学
- 大手就職情報サイト
- 人材紹介エージェント

2. 期間

- 数カ月の長期
- 2日〜2週間
- 1DAY

3. 応募条件

- 全学部応募可能
- 「理系」「技術系」など限られた学生のみ

4. 日当・交通費

- 給与、交通費有
- 交通費のみ有
- 支給なし

実際のインターンシップは1.〜4.のかけ合わせで行われる

特に理系では、専攻している内容によって進む道も変わってきますから、専攻別のインターンシップがあります。理系といっても幅広い専攻があるので一概にはいえませんが、技術職、研究職のインターンシップは、その勉強をしている学生のみ参加できます。

4 日当、交通費が支給されるインターンシップ

・実際に職場の体験として働く分の給与、交通費が支払われるもの
・働く給与は支給されないが交通費は出るもの
・両方とも支給されないもの

インターンシップには、給与が支給されるものや交通費が出るものがあります。遠方に住んでいる学生にとっては交通費が出るかどうかは重要ポイントですね。「お金がかかる」とあきらめずに、募集内容をよく調べてみましょう。

インターンシップを選ぶときには、1～4の内容をしっかり確認することが重要です。お子さんに情報を伝えてあげてくださいね。

インターンシップが重要な理由、活用方法や注意点

インターンシップが重要な理由を親御さんも知っておいてください。

まず、早い段階で、企業と学生の接点になっているため、その企業のインターンシップ経験者から内定者が出る可能性が高いことをこれまでにお伝えしました。「志望企業の内定に近づきやすいこと」が一番大きな理由ですが、それ以外にもインターンシップを経験するとよい点が3つあります。

1 **興味ある業界の状況を知ることができる**
2 **自分があまり知らなかった業界や企業の内容を知り、よさを発見できる**
3 **ES作成、面接など本番の就職活動の練習をすることができる**

1日で終わるインターンシップもありますが、職場体験型のインターンシップは参加できる人数が限られるため、第一志望の企業のものには応募しても出席できないことがあります。

その場合は、同じ業界の他の企業のインターンシップに参加することをオススメします。第一志望ではないかもしれませんが、実際にその業界の仕事がどのようになっているのか肌で感じられるので、自分がやりたいと考えていたことと合っているのか、判断する材料になるでしょう。

また、学生がイメージしにくい業界や知らない企業も世の中にはたくさんあります。１ＤＡＹのもの、中小企業のインターンシップなどは、選考がなく、応募すれば必ず参加できるものもありますので、直接職場を見て、働く人から話を聞いて「こんな仕事があるんだ」「このビジネスには、こんなやりがいがあるんだな」と多くの発見をするのもよいでしょう。「百聞は一見にしかず」で、実際に自分の目で見て確かめられることは、重要な情報になるはずです。

さらに、3のケースでは、本番の採用試験のよいトレーニングになります。大手や人気企業のインターンシップは、書類選考や面接があることが多いのです。インターンシップに応募するために、大学2年生や3年生の段階で自己分析をし、自分の努力した体験をまとめたり、自己PRや志望動機を書いた応募書類を作成しなくてはいけません。

人間、締切があると、何とかやってみるものです。よくわからないにしても、4年生での本番のたたき台になるものが、ひとまず出来上がり、ということになります。

また、この選考においては、インターンシップですから、選考に漏れたときにも企業からコメントをもらうことができます。

本番の面接では、さすがに「どこがよくなかったか、アドバイスをしてくれませんか？」とは言えません。でも、インターンシップの面接や集団でのグループ討議では、面接官が親身に「もっとこうしたほうがよい」とフィードバックをくれることもあります。

このように、インターンシップに応募することで、本番の準備につなげていけるのです。

選考で落とされても本番には影響しない

ここまでお読みになって、親として「もし、インターンシップの書類選考や面接で落とされたら、逆に本番に悪い影響があるんじゃないか」と心配になった人もいるかもしれませんね。

ご安心ください。それは考えなくて大丈夫です。

インターンシップの選考の場や、実際の活動の場でよい印象を残した人が本番で有利になることは十分にありますが、その段階ではまだ準備ができておらず、ESの内容が浅かった、面接の練習もしていなかったため、うまく答えられなかった、という学生もきっといるはずです。

その反省を本番に活かしていけばよいのです。インターンシップ選考は、あくまで練習の場だと思って経験を積むようにお子さんに伝えましょう。

参加が望ましいが「絶対必要」ではない

また、もうひとつの注意ポイントは、「インターンシップは必ず経験せねばならない」と強迫観念にまで駆られなくてよいということです。

お子さんの中には、理系で研究などがあり、どうしてもインターンシップに参加する余裕がない、重要な授業と重なるので何日ものインターンシップには応募できない、などの理由がある人もいます。

貴重な体験の場ではありますが、「インターンシップに参加しないと採用試験に受からない」というわけではありません。学業優先で、なおかつ参加が可能なものを探すように意識し、難しければ、参加しないということも、やむを得ないでしょう。

2019年頃からは、マイナビなどの大手サイトでは、お子さんの学校の先輩が、以前、どの企業のインターンシップに参加したのかについて検索すればわかるようになっています。

そういった情報も活用し、どの企業への応募を優先するか、スケジュール調整は可能かどうか考えてみるとよいでしょう。

もうすぐ4年生になるというお子さんも、冬休みの時期まではインターンシップを開催している企業はありますので、実体験を積むつもりで行ってみるとよいですね。

選考の体験、参加体験を糧にする

インターンシップに参加すると、お子さんはさまざまなことを感じると思います。業界研究、企業研究も深まるでしょうが、自分の力のなさや足りない部分に気づくこともあるかもしれません。

まだ遅くはありません。気づいた点があれば、ぜひ補強していくとよいでしょう。日頃の学生生活の中で、意識して授業に臨む、意識してアルバイトをする、資格に挑戦してみることなどを続けていくと、本番の採用試験までにプラスされるものがきっとあります。

また、これはある意味裏技ですが、「学生生活で特にやってきたことがない」と悩んでいるお子さんがいたら、インターンシップへの参加体験をその材料にしてくださ い。本番のＥＳや面接で、インターンシップで得た経験を語ることもできるのです。

アルバイトやサークル活動、勉強、趣味、ボランティアに限らず、「力を入れたこと」は何の活動でもよいのです。「今まで何もやっていなかった」という人は、今からインターンシップに参加して、ぜひ、一生懸命努力してみてください。一生懸命やればやるほど、語れる経験に出会えるはずです。

親御さんもこのことを認識しておくとよいでしょう。

10 わが子が就活を始める前に知っておきたいキホンの基本

就活にかかるお金は、どれくらい？

親としては、就活にどれくらいお金がかかるのか気になりますよね。

今はインターンシップもありますし、いつからの期間を就活と考えるのかにもよりますが、キャリタス就活を運営するディスコ社の調査によると、2020年卒の大学生が就活にかけた費用は平均約13万7千円であることがわかりました。地域別では北海道が約23万4千円で最も高く、関東が約11万4千円で最も低いということです。

その中身について、実際どのようなものがあるのかを具体的に挙げてみます。

1 交通費

例えば、北海道の大学に通っている学生が東京都内にある企業に就職を希望する場合は、交通費が大きくのしかかります。

ただし、2020年に採用活動のオンライン化が急速に進み、会社説明会はWEBで参加というものも増えました。この流れで今後は、「地方の学生は一次面接はオンライン面接」という企業も多くなると予想されます。

2 スマートフォン（スマホ）代

今の就活にスマホは必須です。スマホがないと説明会の予約もできません。皆さんのお子さんも既に持っているとは思いますが、気をつけたいのは通話代です。

普段の生活の中で、学生はチャットやLINEを使用して連絡を取り合います。あまり通話はせず、たまに通話をするときにもLINEを利用する人がほとんどなのではないでしょうか。しかし、面接日時の連絡など、企業との連絡は、電話を使う場合も多いです。ときには学生のほうから企業に電話をすることもありますから、積もり積もって通話料が高くなってしまうこともあるのです。

3 PC

家族共有のPCを使っている人も多いかもしれませんが、個人用のノートPCがあると便利です。ESはWEBで入力して送信する場合もありますし、筆記試験がWEBテストの場合や、面接がオンラインの場合もあるからです。ノートPCであれば持ち歩けるので、授業の空き時間や移動中にも作業ができます。

4 スーツ、シャツ、カバン、靴など身につけるもの一式

就活用のスーツは、紳士服量販店やスーツ専門店の就活コーナーで購入する人が多いと思います。一式セットでお得になったり、2着買うと割引になったりすることもあるので考えて購入しましょう。

おおよその目安は、スーツ3万円、シャツ1枚6千円、靴1足6千円、カバン5千円です。スーツも1着ではヨレヨレになることが予想されるので、できれば2着用意したいです。最近では、洗濯機で洗えるウォッシャブルタイプのスーツもあり、しかもシワが伸びる繊維を使っているので、非常に清潔感もあって経済的です。

5 遠方の場合、宿泊費

オンラインでの説明会や面接も増加していますが、採用試験の場所が遠い場合は、ホテル代も考えておいたほうがいいでしょう。

最近では、就活目的の人のみ利用できる「就活シェアハウス」というものも登場しており、1泊2千5百円程度で泊まることができますので、宿泊回数が多くなる際には便利です。

6 資料代

就活用のガイド本、筆記試験の問題集などに数千円はかかります。

7 応募書類の郵送費、写真代など

応募書類を何社に送付するかによって費用は変わってきますが、20社に応募するとして、貼付するための写真代もかかります。郵送費も入れると1万5千円くらい見積もっておけばよいでしょう。

先ほど紹介したキャリタス就活の調査結果（平均額約13万7千円）には、スマホ機器代やPC代は入っていません。

おそらく費用の内訳で大きいのは、交通費だと思われます。学生たちは、夜行バスを使ったり、受験日を同じ日にまとめるなどして交通費が少なくなるように努力して

います。

また、就活で必要となる金額を事前に見積もって、計画的にアルバイトをして貯蓄している学生も少なくないようです。

親も大変ですが、早めに就活にかかる費用の心積もりをしておき、いざというときに援助できればお子さんは本当に助かると思います。

また、可能であれば、大学1、2年生の時期にノートPCを購入しておくことをオススメします。大学の授業や論文作成でも使えますし、PCの使い方も練習できます。就活の情報収集やインターンシップ先を探すときにも役立ちます。

「売り手市場」でも「買い手市場」でも採用のハードルは変わらない

企業の採用活動は景気の影響を大きく受けるものです。

リーマンショック後には採用人数を控えた時期もありました。2015年頃からの好景気での人材不足のときには求人倍率が大きく伸び、「売り手市場」となった時期もありました。

ただし、こうした話を見聞きしているときに忘れてほしくないのは、「売り手市場でも買い手市場でも、企業の採用のハードルはそれほど変わらない」という点です。

これはそういう統計があるわけではなく、あくまでも私が就活生たちの話を聞いている中で実感していることです。

2010年代以降、たとえ売り手市場のときであっても、多くの大企業は採用基準のハードルを下げていません。

大手企業の場合、常に人気があるので、景気がよい時期でも悪い時期でも、それほど応募者数に変化がないのです。そして、企業独自の「欲しい人材のスキル」や「欲しい人材のポテンシャル」の基準は厳しく、その基準に満たない学生は試験を通過できません。

もちろん、その学生が、本当に「その能力を持っていない」とは言い切れません。ESや面接で表現できなかったのかもしれませんし、いつもの力を発揮できなかったのかもしれません。でも、それは就活生みんなが同じ条件です。

その日初めて会った企業の採用担当者に対しても、自分のことを理解してもらえるように論理的に説明できなくてはいけません。しっかりと自己分析をし、自分がどのような行動をしてきたのか、なぜそれをしようと思ったのか、語れるように準備をしておく必要があります。

2020年以降、総体的には一時的に求人数が減少傾向にあると言える状況です。しかし、だからといって採用試験が急に難しくなるわけではないことを親御さんも認識しておきましょう。

売り手市場であっても買い手市場であっても、試験で求められる基準にあまり違いはないのだということをお子さんにも伝えてあげてください。そして「今年はどうせだめだね」などと言わずに、必要な準備さえ進めていけばうまくいくようになると理解しつつ見守るようにサポートしていただければと思います。

column

今どきの学生の印象：真面目な人が多い、けれど……

私は毎年多くの学生さんと関わっているので、今の学生は以前の学生とどう違うか、というご質問を受けることがあります。ひと言でいうと、「真面目な人が多くなったなあ」という印象です。

大学に入ったときに資格の勉強をしようと決める、奨学金を受けるために頑張る、なるべく親の負担を減らすために一生懸命アルバイトをするといったことは、とてもよく聞く話です。正直なところ、「私の頃なんて、そんなこと考えてなかった気がする」と思うこともしばしばです。この「継続して努力できる」という資質は、企業で働く際にもきっと役立つはずです。

一方で、真面目に考え込んでしまうため、人との距離をどう取ったらよいか悩んでしまう・失敗を恐れ、人前で話すことに緊張するといった状況もよく目にします。きょうだいが少ないこともあるのでしょうか、自分のペースで物事を進められないとあせってしまうなど、柔軟な対応ができない人が多いように感じます。また、自分と違う意見の人がいるときに、一緒に進んでいくためにどのように説得すればよいか、難しく感じる人も多いようです。

また、非常に多くの学生さんが、自分のことをわかってほしい、話を聞いてほしいと思っています。本音を聞かせてもらって励ますと元気になるので、私はいつも一人ひとりと向き合うことを心がけて話を聞くようにしています。

Part 2

自分とわが子の特性を知る

11

自分とわが子の価値観・特徴チェックテスト

自分とわが子の特性を知って関係づくりに活かそう

Ｐａｒｔ１では、現在の就活とさまざまな業界の最新動向についてお伝えしました。お子さんが置かれている現状がよくおわかりいただけたと思います。

Ｐａｒｔ２では、内側に目を向けて、子どもの就活に親が関わっていく場合に重要になる「親子のコミュニケーション」について考えていきます。

就活中のお子さんは、慣れないことだらけの毎日に不安を感じることも多く、ストレスを普段以上に溜めています。そして、高校受験や大学受験の頃とは違って、成人している大人であり、確固とした自分の意志や想いを持っています。

ですから、親がよかれと思った関わりでも、お子さんによっては、「自分の意志に反することを言われて否定された」と感じたり、「意見を押しつけてくるのがイヤだ」

などと反発し、親子の関係がこじれる場合もあるでしょう。

一方、信頼している親からの「何やってるのよ」とか「そんなんじゃダメだ」などという厳しい言葉に対して普段よりも敏感になり、「自分はダメなんだ」と落ち込んでしまう子どももいます。

そこで、この章では、お互いの関係をどのように作っていくか、どのように維持していくとよいのかといったコミュニケーションについて考えていきたいと思います。お互いの関係を考えていくうえで、親と子のそれぞれの特徴や大事にしている価値観、興味、傾向などを知ることは非常に重要です。

それらを知るためのツールとして、次ページにある「自分のタイプを知る価値観・特徴チェックテスト」を活用します。

これは、25問の質問に「YES」か「NO」で答えていくチェックリストです。

質問に答えるときには、自分が理想だと思っている「こうするべき」ではなく、「いつもの自分がどうなのか」で答えてくださいね。迷ったときには「どちらかというと」で判断してください。

このチェックテストでは、就活に必要な「自分の強み」を知る手がかりもつかめますから、ぜひ、お子さんにもやってもらってください。

自分のタイプを知る
価値観・特徴チェックテスト

1	目標に向かってタスクを達成していくことが好き／得意だ。	□ YES □ NO
2	負けず嫌いでほかの人に勝ちたいという気持ちが強い。	□ YES □ NO
3	物事の原因をじっくり考えることが好き／得意だ。	□ YES □ NO
4	すぐ動くよりほかの人がどうするか見極めるほうだ。	□ YES □ NO
5	人に関わって何かをすることに関心がある。	□ YES □ NO
6	人に喜んでもらうことが好きだ。	□ YES □ NO
7	何かを企画したり、発想したりすることが好きだ／得意だ。	□ YES □ NO
8	アイデアがどんどん湧いてくるほうだ。	□ YES □ NO
9	コツコツ努力することが好き／得意だ。	□ YES □ NO
10	1つのことを継続して行うことが好き／得意だ。	□ YES □ NO
11	喜怒哀楽が激しく、感情がすぐに表に出るほうだ。	□ YES □ NO
12	冷静で、感情があまり表に出ないほうだ。	□ YES □ NO
13	物事を決められた通りに行うのが好き／得意だ。	□ YES □ NO

14	自分の考えやアイデアを形にすることに 関心がある。	□ YES □ NO
15	問題の回避・改善方法を考えて 工夫することが好き／得意だ。	□ YES □ NO
16	自分がリーダーになって 進んでいくのが好き／得意だ。	□ YES □ NO
17	物事をひとりでやり遂げるよりも 人と一緒にやることに関心がある。	□ YES □ NO
18	物事を正確に間違いなく 処理することが好き／得意だ。	□ YES □ NO
19	人の役に立ちたい、 人に何か伝えたいと思うほうだ。	□ YES □ NO
20	これが正しい、こうあるべき、 という自分の考えがある。	□ YES □ NO
21	目標に向かってチャレンジする ことが好き／得意だ。	□ YES □ NO
22	データを集めて分析し 研究することが好き／得意だ。	□ YES □ NO
23	チームの一員として着実に 物事を行うことが好き／得意だ。	□ YES □ NO
24	楽しいことが好きで、 どんどん外に出て行動する。	□ YES □ NO
25	人のいいところに気づいて 人を認めるほうだ。	□ YES □ NO

あなたの行動や考え方、物事の捉え方の傾向のタイプは？

では、チェックリストの結果から、行動や考え方、物事の捉え方の傾向をA〜Eの5タイプに判別します。

先ほどのチェックリストの項目は、実は5つのタイプの特徴の有無を問う質問でした。YESが3つ以上ついたものが該当するタイプとなります。3つ以上のYESが複数タイプでついた場合は、それらすべてのタイプの傾向を持っているということなので、それらすべての解説を参考にしてください。

1 2 16 20 21**に3つ以上のYESがついた人↓** **A 目的志向達成タイプ**（114ページへ）

物事の達成や、目標に向かうこと、競争に勝つことに強い関心があります。

5 6 17 19 25**に3つ以上のYESがついた人↓** **B つながり重視タイプ**（121ページへ）

「何をするのか」よりも「誰かと一緒にすること」に強い関心があります。

3 4 12 15 22**に3つ以上のYESがついた人↓** **C 論理的客観視タイプ**（128ページへ）

物事を論理的に分析したり改善したりすることに強い関心があります。

7 8 11 14 24に3つ以上のYESがついた人→ Dアイデア発想タイプ（136ページへ）

新しいことに興味があり、アイデアを考えることに強い関心があります。

9 10 13 18 23に3つ以上のYESがついた人→ E地道な努力家タイプ（143ページへ）

物事を継続して地道にコツコツと処理することに強い関心があります。

いずれのグループにも3つ以上のYESがつかなかった人→ Fタイプ（149ページへ）

質問項目にYESがついたということは、そこに自分の強い傾向があるということです。質問では「好き」「得意」「関心がある」という聞き方をしていますが、自分の強みは「好き」なことからでも「得意」なことからでも「関心がある」ことからでも探すことができるのです。

結果がFタイプになった場合には、まだお子さんの就活が本腰でなかったり、親御さん自身もさまざまなことにモヤモヤを抱えていたりする現状なのかもしれません。

あまり心配なさらず、Fタイプの解説ページを確認してみてください。

「どのタイプがよい」「どのタイプが悪い」ということではない

チェック結果からタイプ分けしましたが、就活するうえで「〇〇タイプが最もよい」といったタイプの優劣はありません。あくまでもタイプは、お子さんの関心や強み、親御さんのコミュニケーションの傾向などを発見するためのものです。

ご存じのように、企業には多くの仕事や役割があり、さまざまなタイプの人がそれに従事しています。業務は多岐にわたり、多様な顧客のニーズに対応していくためには、いろいろなタイプの人材を活用していくことが企業にとって必須です。ですから、「この企業を志望するなら、このタイプがいいに違いない」「このタイプに性格を近づけなさい」などと、お子さんにタイプを強制するようなことはしないでください。

タイプは自分の意識で変わっていくもの

また、ここで導き出したタイプは、一生、同じ傾向のままではありません。いろいろな経験を積んだり、環境が変わったり、価値観が変化したり、学びをプラスしたりすると、変わっていくものです。自分で「ここが足りていない」と感じたら、意識的に今までのやり方とは違う行動をしてみるという用い方もできます。

「子どもの価値観と親の価値観は異なる」と気づくことが大切

チェック結果の判定が、「親と子、同じタイプであった」という方もいらっしゃると思いますが、このチェックから得られる最も大切なことは、「人によって物の捉え方やよくとる行動、価値観が大きく違うことに気づく」ということです。

人によって「同じものを見ても同じようには認識しない」「同じ感想を持たない」「同じものを大切だと思わない」ということは当たり前のことですが、「親子」という関係性の中で、そうした当たり前のことを、つい私たちは忘れてしまいがちです。

まず、このことを改めて認識しておくことが、お子さんとのよりよい関係を築くために重要になります。

では、次ページから、各タイプの特徴と子どもとの関わりで留意するポイントについて解説していきます。複数のタイプにYESが3つ以上ついた人は、すべてのタイプの解説を確認してください。読んでみて「これが特に自分に当てはまる」と思うタイプがあれば、そのタイプの傾向が最も強く出ているということです。

12

タイプA
「目的志向達成タイプ」の人

ここからは、「目的志向達成タイプ」のお子さん・親御さんについて詳しく見ていきます。

まず、このタイプの人の特徴や、よくある場面を挙げてみますので、当てはまるものをチェックしましょう。

【子どもの場合】学校では、こんな子だったのでは？

□「一番になりたい」「競争して人に勝ちたい」という気持ちが強い。スポーツなどの部活で活躍することが多い。
□集団を引っ張る役割を任されることが多い。小さい頃から学級委員などのリーダーの役割を経験している子が多い。
□物事をどんどん早く進めようとする。待たされるとイライラする。遅い子、上手にできない子に対して厳しい言葉を言ってしまうことがある。
□「サッカー部でレギュラーになる」などの目標があると、やる気になる。
□あまり深く考えない傾向がある。考えるよりも、まず自分がやってしまう。

【親の場合】会社や社会、家庭で、こんなことが多いのでは？

□売上目標など、仕事でチャレンジすることにやりがいを感じる。
□自分の意見を持っていて、ニュースやテレビの番組を見ていても、「これはおかしい」とか「こうしたほうがいい」などとよく言う。
□勝ち負けにこだわる傾向があり、スポーツやゲームをしているときでも勝ちたい。勝敗がつくものには、つい熱くなる。
□子どもに「〇〇しちゃだめ」「〇〇しなさい」などと、自分が正しいと考えていることを指示する。
□職場や会合でリーダーの役割を引き受けることが多い。周囲をどんどん引っ張っていくことが得意。自分の考えをハッキリ言う。「これが正しい」「こうあるべき」というこだわりがあり、譲らないことも多い。

A　目的志向達成タイプの特徴

目的志向達成タイプのよい点

- **自分の信念を持って、これまでの伝統や教えを守っていく**
- **自分の目標に向かってモチベーションを上げ、頑張り続ける**
- **リーダーを任されてチームをけん引していく**

目的志向達成タイプ（以下、目的タイプ）は、正義感が強く、ルールをきちんと守り、責任を持ってしっかりやり遂げようとする、企業や組織で必要な価値観をたくさん持っている人です。

ただし、あまりにもこの傾向が強くなってしまうと、自分に対する厳しさと同レベルのことを周囲の人にも求めてしまいます。その結果、他人に対して厳しい態度で接したり、指示的な言動をとってしまいがちです。

また、厳しい態度をとらなかったとしても、ほかの人が自分の物差しに合わない行動をしたり、自分と同じようにできなかったりすることは我慢を要することであり、ストレスを溜める原因になります。

A「目的志向達成タイプ」はこんな人

- 信念を持ち、伝統や教えを守る
- 自分の目標に向かってモチベーションを上げ、頑張り続ける
- リーダーを任されてチームをけん引していく

相手の立場に立って考えよう

目的タイプの人が、子どもと良好な関係を築いていくためのポイントは「相手の立場になって考える」ということです。

目的タイプは、物事の達成や自分の信念・考えを優先することへの執着が強いため、ついつい人の気持ちを後回しにしがちです。

どんどん前に進み、自分の意見をガンガン主張する目的タイプの親御さんに対して、お子さんは「怒られてばっかり……」という劣等感を抱くでしょう。「どうせ自分なんか」「自分はダメだと思われているんだ」「親はわかってくれない」などと感じているかもしれません。

お子さんに何か言いたくなったときには、「もし、自分がこの子の立場だったら、こう言われてどんな気持ちになるだろうか」と立ち止まって想像してみてください。深呼吸して、自分が今いる場所の向かい側に移動して、お子さんになるイメージです。

そして、あなたが言いたかった「こうしなさい」「なんで××できないの！」といった「指示」や「叱責」の言葉は飲み込みましょう。

もし、あなたが誰かに「絶対こうしろ！」と言われたらどんな気持ちがするでしょうか。おそらくムッとしたり、反発心がわいてくるはずです。あなたのお子さんにだって同じことが起こるのですから、ここは口に出さないことが最善です。言ったとしても、そこからよい結果が生まれる可能性はほとんどありません。

質問形式で話を進めてみよう

目的タイプは、周りの意見を聞かずに自分だけの考えで行動してしまう傾向がありますから、相手の意見を積極的に取り入れることを意識して、質問を投げかけてみるのもよい方法です。

お子さんと話をするときにも、意識的に質問をするように努めることで、お子さんも意見を言いやすくなるはずです。

「〇〇が思ってることを聞かせてほしいんだけど、教えてくれる？」

「私はこう思うんだけど、〇〇はどう思う？」

「（できていないことに対して）どうしてそうなったのかな？　どうやったらできるようになりそう？」

よいところを見つけて伝えよう

自分にも他人にも厳しい目的タイプの人は、もしかすると、お子さんに対しても「ほめること」が少ないのではないでしょうか。

子どものできていないところを見つけ厳しく指摘することは、しつけという点で、もちろんよい面もたくさんあるのですが、子ども自身は「ダメな子だと思われているんだ……」と自信がなくなり、自己肯定感も低くなりがちです。

ぜひ、お子さんのよいところを見つけたら、きちんと口に出して言ってあげてください。些細なこと、前に比べたら少しでもできるようになったことでもいいのです。「うちの子には、ほめるようなよいところが見当たらない」と思われる人は、ほかの人に聞いてみてください。「あのとき、とてもやさしい子だと思ったよ～」とか「こんな長所があるんじゃない?」と客観的な目で見た感想を言ってくれるはずです。

「前より○○に変わってきたね」「楽しそうだね」という言葉でもいいでしょう。親御さんの「あなたのことを見守っているよ」という思いが伝わるように、とにかく口に出して伝えることが大切です。

13

タイプB 「つながり重視タイプ」の人

ここからは、「つながり重視タイプ」のお子さん・親御さんについて詳しく見ていきます。

まず、このタイプの人の特徴や、よくある場面を挙げてみますので、当てはまるものをチェックしましょう。

【子どもの場合】学校では、こんな子だったのでは？

□誰かと一緒に何かを行うことが好き。バスケットボールやバレーボールなどの団体競技や吹奏楽など、みんなで頑張ることにやりがいを感じる。

□人の役に立ちたいという気持ちが強い。学級委員など、みんなの世話を焼くのが好き。人に喜んでもらえるとうれしい。後輩から感謝されたり、アルバイトでお客様からほめてもらったりしたことは、ずっと心に残っている。

□人にどう思われているかが気になってしまい、意見をハッキリ言えないことがある。相手から厳しい言葉を言われたり、強く怒られたりすると落ち込む。

【親の場合】会社や社会、家庭で、こんなことが多いのでは？

□ひとりで取り組むものよりも、チームで一丸となって仕事をすることにやりがいを感じる。接客や営業、サービスなど、人と関わる仕事が得意。

□人の気持ちに敏感。テレビを見ていても、人間同士のつながりを伝えるような感動的な番組に弱く、よく涙を流したりする。

□子どもに対して優しい。子どもを叱らないといけない場面であっても、叱った後に自己嫌悪に陥ることがある。

□町内会やボランティアなど、人をまとめたり、世話を焼いたりする立場に立つことが多く、自分でも好んで引き受ける。

□周囲への気配りや雰囲気づくりを優先して、仕事や処理の速度が遅くなることがある。

B「つながり重視タイプ」はこんな人

- 人のよい面を見つけ、人を育てることが得意
- 相手の気持ちをよく把握し、気持ちに沿った対応ができる
- 協力的で、信頼関係のあるチームづくりに貢献できる

B　つながり重視タイプの特徴

つながり重視タイプのよい点

・人のよい面を見つけ、人を育てることが得意
・相手の気持ちをよく把握し、気持ちに沿った対応ができる
・協力的で、信頼関係のあるチームづくりに貢献できる

つながり重視タイプ（以下、つながりタイプ）は、「人と一緒に何かを行うこと」にやりがいや価値を見いだします。相手の気持ちを受け入れ、励ましたり勇気づけたりすることが得意で、とても共感力の高い人です。

反面、この傾向があまり強くなってしまうと、相手が「そこまでしてほしくない」とか「自分でできる」と思っているときでも、世話を焼いたり、おせっかいをしてしまいがちです。お子さんに対しても、ついつい甘やかしてしまったり、必要なときに叱ったり厳しくしたりすることが苦手かもしれません。

また、自分が感謝され、認めてもらうことがうれしいので、相手も喜んでくれるのでは、と思って期待しすぎてしまう面があります。

子どもとの付き合い方

ときには「目的」「物事」にフォーカスするようにしよう

つながりタイプが、お子さんと上手に接していくためには、目的やタスク、物事に重点を置いて考えることをオススメします。

つながりタイプは、人と協力することを好んだり、人がどう思っているかに強い関心があります。ですから、本来の目的やタスク、やらなくてはいけないことがあったとしても、二の次にしてしまいがちです。

お子さんに対しても、「やってあげたい」という思いが強いので、つい自分が手を出してしまい、お子さんの成長を妨げている部分があるのかもしれません。

ですから、自分が今いる場所から少し移動して、遠くからお子さんとの関係を観察してみるつもりで考えてみてください。

あなたがお子さんについて気になっていることは、どのようなことでしょうか？

例えば、あなたは次のように思っていて、子どもに「手助けしたい」と伝えようとしています。

「うちの子は、いつものんびりしていて遅刻することもあるし、自分から行動しようとしないけど、明るくて気持ちが優しい子。学校が遠くてアルバイトも忙しいから大変。かわいそうだから何か私がやってあげられることはないかな」

これをお子さんに伝える前に、そう伝えている場面を自分の目の前で映画を観るかのようにイメージしてみましょう。

今、あなたの目の前には、一組の親子がいます。母親は何かを言おうとしています。

この様子を見ているあなたは、こんなふうに問いかけてみてください。

「これはこの子にとって、本当に問題があること?」

「その問題に対して母親が何かやってあげることは、本当にこの子のためになるの?」

つながりタイプの人は、人に対する気持ちや、思い、感情でさまざまなことを捉えようとする傾向が強いのです。

・遅刻することが多い
・自分から行動しようとしない

この2点がお子さんの「問題」だとしたら、「明るくて気持ちが優しい」とか「学校が遠くてアルバイトも忙しいから大変」というのは、その「問題」とはまったく関係ないことですよね。

共感する気持ちをいったん脇に置いてみよう

これから社会人になって巣立っていくお子さんは、その「問題」を自分で解決できなければ成長は得られません。親御さんが「かわいそう」「大変」と共感する気持ちはいったん脇に置いといて、子どもに厳しく話をすることも大切です。

また、つながりタイプの人の特徴である「世話を焼いてあげること」「手伝ってあげること」を子どもに押しつけている状況はありませんか。

子どもは親が「やってくれる」と思うと、つい甘えてしまいます。つながりタイプも頼られるとうれしいので、喜んでサポートしているのかもしれません。

ですが、ここは心を鬼にして、長い目で見たら何がわが子のためかを客観的に見て判断するところです。「手伝ってあげる」という言葉をすぐに口に出すのは、いったんやめにしてみましょう。

14

タイプC
「論理的客観視タイプ」の人

ここからは、「論理的客観視タイプ」のお子さん・親御さんについて詳しく見ていきます。まず、このタイプの人の特徴や、よくある場面を挙げてみますので、当てはまるものをチェックしましょう。

【子どもの場合】学校では、こんな子だったのでは？

□何かを作り上げることにやりがいを見出す。工作や機械いじりなどの興味があることに対しては、計画性を持って制作したり努力したりする。
□「なぜそうなるのか」を知りたい。原因や理由を聞かないと納得しないことがある。答えに論理性がある数学や物理などが好きな子が多い。
□すぐ行動するよりも、調べたり観察したりして状況を見極めようとする。
□「人」よりも「物事」に関心がある。ほかの人と協力したり、説得したりすることが苦手な傾向がある。

□小さい頃は、みんなで遊ぶよりも、ひとりで本を読むことや好きな何かに熱中していることが多かった。

【親の場合】会社や社会、家庭で、こんなことが多いのでは？

□処理の速さよりも、完成度の高い内容を作り上げることにやりがいを感じる。

□人と接する仕事ではなく、ものづくりに関わるような仕事が好きである。

□テレビ番組は、ドキュメンタリーやプロジェクトの裏側を見せてくれるような番組が好き。

□子どもに対しては、あまり自分の気持ちを表さない。客観的なので、自分の感情や思いを気持ちを込めて語ることは少ない。

□冷静に合理性を重視して物事を判断するので、大きな買い物や旅行先はネットでじっくり比較検討してから決定する。直感で決めない。

□人とは適度な距離感を保ちながら接することを好む。ひとりで仕事をする環境が苦ではなく、むしろ好きである。

C　論理的客観視タイプの特徴

論理的客観視タイプのよい点

- **計画性があり、冷静に合理的に物事を進め、適切に判断できる**
- **じっくりと状況を観察してから思考する**
- **論理的、合理的な解決に向けたアプローチを導き出せる**

論理的客観視タイプ（以下、論理的タイプ）は、物事を深く考えることが得意で、物事の原因をじっくり分析し、問題を回避したり、改善したりすることにやりがいを見いだす人です。

このような物事の進め方は、目標に沿って効率的に仕事を行っていく企業などの組織にとって、なくてはならないものです。

反面、客観視、冷静さが特徴の論理的タイプは、ともすると合理性が第一で「気持ちをわかってくれていない」「熱意が感じられない」「冷たい感じがする」などと周囲から思われることがあります。もしかすると、お子さんからも「いつも自分が正しいと思っている」とか「正論に口をはさむ隙がない」と思われているかもしれません。

C「論理的客観視タイプ」はこんな人

- 計画性があり、冷静に合理的に物事を進め、適切に判断できる
- じっくりと状況を観察してから思考する
- 論理的、合理的な解決に向けたアプローチを導き出せる

あるいは、その冷静さが「冷たい」とか「関心がない」と受け取られ、「自分のことなんて、どうでもいいんじゃないか」という思いを抱かせているかもしれません。

子どもとの付き合い方
ときには自分の気持ちを素直に表現してみよう

論理的タイプの人がお子さんと上手に接していくためにカギとなるのは、「自分の感情を表すこと」です。

普段自分の感情を表すことが少ない論理的タイプの人は、子どもに対しても、冷静にそっけなく接してしまいがちです。

本人にその自覚はないのですが、お子さんが「悩みごとを相談したい」と思っていても、親御さんの態度から「自分のことをどのように思っているかわからない」「きっと自分の気持ちはわかってくれない」などと感じ、二の足を踏んでしまっていることもあるかもしれません。

ですから、思いきって、自分の気持ちや思いを周囲に表現してみることです。自分の気持ちを表すことに慣れましょう。

例えば、近いうちに家族で出かける予定はありませんか？　楽しい外食の計画はありませんか？

家族で楽しく出かけたときに、自分が感じた思いや感想を素直に外に向かって表現してみましょう。


「このケーキ、チョコレートが濃厚で甘くてすごく美味しい！」

「ゆっくり温泉に入って、気持ちがいいなあ。幸せを感じる」

「みんなで食事してのんびりできて、ほんとに楽しい」


普段は、ほかの人のことを客観的に外側から見て表現している論理的タイプですが、自分事《じぶんごと》を「楽しい」「幸せ」などの言葉でどんどん表現してみてください。

過去の体験から、あたたかい感情を探してみよう

子どもも大きくなり、特に出かける予定がないという場合は、自分の過去の感情を思い出してみるのもよいでしょう。

これまでの体験の中で、楽しかった体験やうれしかった経験にはどのようなものがあるでしょうか？

「大学受験で志望校に合格できたのはやっぱりうれしかった」
「中学の陸上の部活で県大会に出場したのは達成感があった」
「自分の結婚式では、大好きな人たちに祝福されて幸せだった」

かなり昔のことでもいいでしょう。

何かひとつ体験を取り上げて、その感情をじっくりと思い出し、もう一度体験しているかのように浸ってみてください。

また、そのときの気持ちを応用させるつもりで、わが子のことを考え、次の質問に答えてみてください。

・子どもが生まれたときはどんな気持ちだった？
・子どもが初めて歩いたのを見たときはどんな気持ちだった？
・小学校に入学、卒業……、子どもの成長を見ていて、どんな気持ちだった？
・子どもに感謝したいこと、子どもがいてよかったと思えることはどんなこと？
・今、子どもに応援メッセージを送るとしたら、何を伝えたい？

いつもなら、客観的に「まあ、多くの親が感じるような気持ちだったかな」などという答え方をしていたかもしれませんが、ぜひ、「感謝」「幸せ」「楽しい」「感激」などの気持ちを意識し、感じながら答えてみてください。

そして、それをお子さんに直接伝えてみましょう。

全部が気恥ずかしいなら、感謝したいことと応援メッセージだけでもいいのです。

普段、感情を表さない論理的タイプの人の本当の気持ちを知り、きっとお子さんもうれしい気持ちになるはずです。

「もうちょっと頑張ってみようかな」とか「親にも就活のこと相談してみようかな」などと思うことが増えてくるかもしれません。

15

タイプD 「アイデア発想タイプ」の人

ここからは、「アイデア発想タイプ」のお子さん・親御さんについて詳しく見ていきます。まず、このタイプの人の特徴や、よくある場面を挙げてみますので、当てはまるものをチェックしましょう。

【子どもの場合】学校では、こんな子だったのでは？

□楽しいことが大好き。自分のアイデアを表現したり、人前で発表することが好き。音楽や絵を描くこと、ダンス、演劇などが好きで続けている子も多い。

□好奇心が旺盛で、新しいものに惹かれる。食べ物やファッションなど流行っているものをすぐに試してみたくなる。

□飽きっぽいところがある。コツコツ努力するのは苦手。

□人に対してよりも、物事や自分の発想やアイデアに関心がある。好きなことをやっているときと、そうではないときのやる気の落差が激しい。

□人がどう思っていようとあまり気にしない。喜怒哀楽が表に出やすい。今、楽しいことが大切で、先について深く考えないことが多い。

【親の場合】会社や社会、家庭で、こんなことが多いのでは?

□自分で企画した仕事や自分で組織を動かしたり、イベントを運営したりすることにやりがいを感じる。

□商品企画やマーケティングなど、社会の動きを作ることに携わっていたり、関心が高い。テレビの情報番組で見た新しいスポットにすぐに行きたくなる。

□子どもと新しいゲームを試したり、ブームになっているスイーツを食べたり、好奇心が旺盛で、すぐに行動に移す。自分の好きなことや楽しみを優先している。「自分の好きなものは子どもも好き」と思う傾向がある。

□気分が乗っているときは表現豊かで機嫌がよいが、気乗りせず、つまらなさを感じているときには不機嫌になることがある。

□周りのことは気にせず、自分の殻に閉じこもってしまうことがある。

□整理整頓や掃除など、家事やルーティンワークには飽きやすい。

D「アイデア発想タイプ」はこんな人

- のびのびとして明るく前向きに考える
- いろいろな物事に興味や関心が高く、行動力がある
- 感性が豊かで表現力や創造力がある

D アイデア発想タイプの特徴

アイデア発想タイプのよい点

- **のびのびとして明るく前向きに考える**
- **いろいろな物事に興味や関心が高く、行動力がある**
- **感性が豊かで表現力や創造力がある**

アイデア発想タイプ（以下、発想タイプ）は、好奇心が旺盛で、楽しいこと、ワクワクすることに自分の意識が向きます。自分で何かを発想し、企画することやそれを他の人に対して表現することに価値を見いだす人です。

しかし、この傾向が強くなると、自分が楽しく自由に行動するあまり、周囲の人から見ると、自己中心的に感じられてしまう部分や、物事を深く考えず羽目を外してしまっていると思われたりすることがあるかもしれません。

お子さんの目には、普段は、友達のようにイマドキの話を一緒にすることもできるし、旅行やイベント、ショッピングなどを楽しむときには盛り上がり、いつでも自由にやらせてくれる親のように映っています。けれども、悩み事があるときや、深刻な相談をしたいときなどには「話を聞いてくれない」「自分は放っておかれている存在だ」「自分がやりたいことにばかり気が向いていて自分勝手だ」と感じてしまう面もあります。

子どもとの付き合い方
現実的なことから逃げないで、正面から立ち向かう

発想タイプの人がお子さんと上手に接していく方法としてオススメなのが、「地に足のついた現実的な考え方を取り入れる」ことです。

「これを実行すると、どんな問題が出てくるだろうか？」と、いつも客観的にあれこれ考えているような人が周囲にいませんか？　発想タイプと真逆タイプの人です。

発想タイプの人は、表現するのが上手です。ですから、ゲームを楽しむつもりで、こういう客観的な熟考タイプの人のマネをしてみてはいかがでしょうか。

お子さんが、深刻な顔で深く物事を考えているようなとき——。発想タイプの人は、相談を持ちかけられたら深刻になりたくないので、その場から逃げ出してしまうかもしれません。あるいは、本人は励ましているつもりなのですが、「悩んでも仕方ないよ。直感的にやりたいことに向かってみたら？」などと、本人の深刻な思いに反する意見

を言ってしまうかもしれません。

でも、ときにはワクワク感主体の行動を捨ててみましょう。お子さんに対して別人格の「質問を繰り出す人」になって問いかけてみましょう。

「そのやりたいことを叶えていくにはどんな障害があるの？」

「考えている計画に抜けているところや漏れているところはない？」

「いつまでに行う、という期限はちゃんと決めている？　具体的になっているの？」

アイデアに満ちあふれた発想タイプの人が、さらに現実的な思考も取り入れることができたなら、無敵です。お子さんの目にも「頼れる存在」として映るでしょう。

自分のことを「どう見える？」と家族に聞いてみよう

発想タイプの人は「相手がどう思うか」よりも「自分の関心事、興味」に向かおうとするので、自分が子どもにどのように接しているのか、どんな改善が必要なのか、何が問題なのか考えてもわからないということが起こりがちです。

今まで自分が「それいい！」「そのやり方でOK！」と思ってきたことは、ほかの人にとってそうでないかもしれないと認識して、お子さんやご家族に対して、一度、「私はどんなふうに見えている？」と聞いてみてはいかがでしょうか。

ただし、その場合、どんな答えが返ってきたとしても、すべての意見をそのまま受け止めてくださいね。どんなにムカっとくる答えでも、ほかの人からあなたがそう見えているのは確かなことなのですから、第三者の意見として心に留めておいてください。

例えばこんな答えが返ってくるかもしれません。

・いつも相談に耳を貸してくれない
・自分の好ましいと思ったことを子どもに押しつけようとしている
・大事な相談をしたいときに、自分の意見を言ってくれない

こうした答えをもらったら、これまでの自分を振り返ってください。

「自分の行動のどんな点が問題だったのだろう?」

「なぜ、そういうふうに子どもに思われてしまったのだろうか?」

親が真剣に考えようとしていることがお子さんにも伝われば、きっとお子さんの態度も変化し、就職に関することについても話し合いやすい関係になっていくでしょう。

16

タイプE 「地道な努力家タイプ」の人

ここからは、「地道な努力家タイプ」のお子さん・親御さんについて詳しく見ていきます。まず、このタイプの人の特徴や、よくある場面を挙げてみますので、当てはまるものをチェックしましょう。

【子どもの場合】学校では、こんな子だったのでは？

- □素直に周囲の言うことをよく聞き、おとなしくて穏やかな子だった。
- □意見を主張することはあまりなく、通信簿で「協調性が高い」とほめられることが多かった。自分のペースで地道に頑張ることが得意。学芸会などの催し物では、自分に与えられた役割をコツコツとこなしていた。
- □基本的に手のかからない子だった。手のかかるきょうだいがいると、親の意識はそちらのほうに向きがちだった。

□「ものすごく好き」とか「やりたい」とほとんど言わない。人が揉めているところを見るのが苦手で、なるべくケンカや争いを避けようとしていた。

【親の場合】会社や社会、家庭で、こんなことが多いのでは？

□基本的に協調性が高く、みんなの中でうまくやっていきたい、平和にやっていきたいという気持ちが強い。指示された役割について努力しながら地道に取り組む仕事にやりがいや達成感を感じる。

□子どもや夫、妻の意見を尊重することが多い。見たいテレビ番組や外食で何を食べたいかなど、日常的なことでも、自分の意見はあまり言わない。

□何か大きな決断をする必要がある場合は、「お父さん（お母さん）はどっちがいい？」「○○はどうしたいの？」と相手の意見を聞き、ほかの人に決断を委ねる傾向がある。自分では決められない。

□長期的にコツコツ頑張ることが得意。小さなことや目立たないことも地道に努力する。ボランティアや地域社会の清掃なども、頼まれれば喜んで協力する。

□ほかの人にどう思われているかが気になる。頼まれたらイヤとは言えない。

E「地道な努力家タイプ」はこんな人

- 相手の意見や指示を素直に受け入れる
- 長期間継続して粘り強く作業に努めることができる
- 周囲に協力的で、快く頼みを引き受ける

E　地道な努力家タイプの特徴

地道な努力家タイプのよい点

- **相手の意見や指示を素直に受け入れる**
- **長期間継続して粘り強く作業に努めることができる**
- **周囲に協力的で、快く頼みを引き受ける**

地道な努力家タイプ（以下、地道タイプ）は、気配りがあり、周囲に協力し、配慮することを惜しみません。真面目な姿勢で地道に指示や計画に沿ってコツコツと努力することが得意な人です。争いを好まず、できれば安定した環境の中で穏やかに波風を立てずうまくやっていきたいと思っています。

しかし、この傾向が顕著になると、自分がイヤだと思っていることでも、相手の言うことに強く反対できないため、従うだけのような形になってしまい、ストレスを溜めやすくなります。

また、自分でなかなか決められないため、子どもの言う通り、あるいはパートナーの言う通りにしてしまう状況があるかもしれません。お子さんにも「自分の言うことをそのまま受け入れるだけの親」「どうせ相談したって、めぼしい意見をくれない」「父親（母親）に反対されている自分に味方してほしいけど、どうせ言いなりなんだろう」などと思われてしまう恐れもあります。

子どもとの付き合い方
小さなことでも何か自分で決めてやってみよう

地道タイプの人は、「周りと争いたくない」という気持ちが根底にあり、自分の意見や好みを言うことを躊躇してしまいます。自分が我慢すれば、自分さえ遠慮すればスムーズにいくと思っているのかもしれませんが、相手は「この人、自信がないのかな？」「ひとりじゃ何もできないのかな？」と誤解してしまうかもしれません。

まずは、何か自分が好きなこと、興味があることから始めてみてはいかがでしょう。

・家族で昼食を食べるとき、何を食べるか提案する
・前からやってみたかったことを始めてみる

こんな小さなことでも構いませんので、1日1つ意識して、自分の気持ちを言って

みたり、提案してみてください。

誰も座っていない椅子を相手に、伝える練習をしてみよう

地道タイプの人は、いざ相手を目の前にすると、話をしづらくなるのかもしれません。家族であったとしても、伝えにくいこともあるでしょう。

その場合は、訓練だと思って、自分の目の前に誰も座っていない椅子を置いて向かい合って座り、目の前にあなたのお子さんがいると思って話しかけてみてください。

このとき、話す順序も重要なので、次の順序でお願いします。

1 お子さんに伝えたい感謝の気持ちや頑張っていることに対する励まし
2 わかってほしい自分の気持ちや提案など

話し終わったら、次はお子さん側の椅子に移動し、今度はお子さんになったつもりで、さきほどのあなたの言葉を受け取るシミュレーションをしてみましょう。言われたほうはどのように感じるか想像してください。きっとさまざまな思いが浮かんでくることでしょう。ぜひ、お子さんにもそこで感じた一端を伝えてみてください。

17 タイプF A～Eのどれも3つ以上YESがなかった人

YESが2つついたタイプがある場合

A～Eのどれも3つ以上YESがつかなかったという人は、まず、YESが2つついたタイプを見てください。

もしかすると、「好きだけど、それほど得意というわけじゃなくて……」などと、ハッキリ言い切る自信がなかっただけで、本当は、それが該当しているタイプなのかもしれません。

繰り返しになりますが、このタイプ判定は、自分の特徴や傾向、強みの発見のために役立ててもらうものです。ですから、「どちらかといえば好きなほう」とか「得意なほうである」という、やんわりとした判定基準でもよいのです。「それならそうかも！」と思った方は、もう一度チェックリストにトライしてみてくださいね。

どのタイプもYESが1つ以下だったお子さんへ

どのタイプもYESが1つ以下だったお子さんは、もしかすると、「自分自身のことを知る」という行為自体にピンと来ていないのかもしれません。本当は、興味を持っていることや好きなこと・嫌いなことが何かしらあるはずです。ですから、ちょっとしたヒントがあれば、自分のことをあれこれ考え始めることができるかもしれません。お子さんには、ぜひ次の観点で振り返ってもらうことをオススメします。

1 興味のある業界や、やりたい仕事が見つかっているか?
2 学生生活の中でやりたいこと、楽しんでいることはあるか?
3 アルバイト、サークル、ボランティア、趣味などでやっていることはあるか?
4 専攻分野や科目の中で特に興味があるものがあるか?
5 高校生活以前に好きだったものや打ち込んだものがあるか?
6 一緒に話し合ったり遊んだりする親しい友だちがいるか?

具体的な場面を切り取って考えてみると、好きなことや興味の傾向、その中でどのように行動するタイプなのか、わかってくる部分があるはずです。まずは、そこから自分を知ってもらうとよいでしょう。

親がどのタイプもYESが1つ以下だった場合

親御さん自身が1つ以下だった場合も、お子さんと同様に、自分自身のことを知る作業に慣れていなかったのかもしれません。たまたま今の状況で、この結果が出ている可能性があります。「どちらかといえば好きなほう」というやんわりとした判定基準でかまわないので、ぜひ、リラックスして再チェックしてみてください。

実際のところ、この本を手に取ってくださったということは、「わが子のために自分ができることをしたい！」と感じたからですよね。それも「探求心がある」とか「行動力がある」という立派な個性です。

自分自身を振り返って、興味のあることや経験があることを、もう一度思い出してみてくださいね。

column

大学の「キャリアセンター」とはどんなところ？

皆さんは、大学のキャリアセンターに行かれたことがおありでしょうか。キャリアセンターには一般的に就活に役立つ書籍や企業情報、求人情報が設置されており、主に学生が就活について情報収集や相談を行う場所です。

大学の規模にもよりますが、ここには大学職員とキャリアコンサルタント（CC）という国家資格を持った専門スタッフがいます。職員で資格を持ち兼務している人もいますが、学生の相談対応をするCCの多くが別に人事や採用、人材育成に関わる仕事を持ち、相談が多くなる時期を中心に大学の業務にあたっています。総合大学は学生数も多いので複数のCCが相談対応を行いますが、1対1なので、予約がいっぱいになることが少なくありません。

相談を希望する場合は、できるだけ早めにキャリアセンターに連絡し、予約をしたほうがスムーズです。私たちCCもすべての学生に対応したいのですが、どうしても枠が限られますので、自分から積極的に申し込んできてほしいと思っています。

一般的な就活時期の前から何度も、自分の今後について相談に来る学生さんもいます。ES対策や面接対策だけでなく、自分の将来、人生の悩みを聞くこともCCの役割のひとつです。そうやって悩んで、決断し、行動して内定をもらった学生さんに会うと、本当にうれしくなります。

Part

3

親ができる
サポートを知る

18 仕事や人生に前向きに取り組む姿を見せよう

ここまで就活の基本的な知識やおおまかな流れ、就活を取り巻く環境について見てきました。そして、わが子と自分のタイプ（価値観や興味の傾向など）を知り、それを踏まえた親子のコミュニケーションの方法についても学びました。

この章では、いよいよわが子が就活をスタートするにあたって、親ができるサポートは何なのかを具体的にお教えしたいと思います。

「毎日を頑張っている」という背中を見せる

子どもは親の影響を受けながら育ちます。子どもは何も言わなかったかもしれませんが、これまでもずっと、親のことを見ていました。

仕事をいつも頑張っていたこと、毎日お弁当を作ってくれたこと、家族旅行に連れていってくれたこと、部活動や塾の送り迎えをしてくれたこと……。

何気ない日常の繰り返しのようですが、親は子どもに、自分の人生を見せてきたのです。

就活中の子どもに対して、どんなに素晴らしい励ましやアドバイスの言葉を贈ったとしても、普段の親の姿勢や行動が矛盾していたら、子どもには伝わりません。

人がどうやって生きていくのか、どうやって子どもを育てていくのか、仕事や日常で、私たちはどのような役割を果たしていくのか――。

親は、日々、自分の背中を見せて、子どもに人生というものを教えています。そしてそれが、子どもへの贈り物であり、就活時にも大きな指針となるのでしょう。特別なことをする必要はありません。普段から一生懸命生きる姿を見せましょう。

「仕事とは何か？」自分の価値観を伝えよう

今、まさに「働く」という世界に踏み込もうとしているお子さんに、親御さんが持っている「仕事」への価値観、想い、信念を伝えてあげてください。

親御さんがお子さんに語る言葉は、無意識にお子さんの心に刻み込まれ、その判断基準にも影響を与えるからです。

もしも、親御さんが「仕事なんて大変なことばかりで何もいいことないよ。人生、仕事をしすぎると損だよ」などとお子さんのそばで言い続けていたとしたら、どうなるでしょう。お子さんは「よし、就活頑張ろう！」という気持ちになるでしょうか。いいえ、なりませんね。周りが動いているから仕方なく動こうとはするかもしれませんが、心の中で「仕事するのは損だよねぇ。できれば仕事をしたくないなぁ」などと考えてしまうでしょう。こんな状態では就活はうまくいきそうもありませんね。

生まれたときから近くにいる親の影響とは、そういうものです。

お子さんは、親御さんの行動を見て、親御さんの話している会話の内容を聞いて、それらを記憶に留めているのです。

そしてそれは、今後のお子さんの行動にも影響してきます。だからこそ、親御さんの言葉で「仕事への思い」を語ることが非常に有効なのです。

「自分の仕事のどんなところが好き？」
「これまで仕事をどのような思いでやってきた？」
「自分の仕事は、どのように人の役に立っている？」

「自分の仕事や会社のどのような部分を人に自慢したい？」
「仕事の達成感や満足感はどのようなときに得られる？」
「人生の中で、どのように仕事と付き合っていきたいと思ってる？」

このような質問を自分に投げかけてみてください。
そして、その答えとして出てきたものを子どもにも伝えてみましょう。

現在、主婦であるという人は、これらの質問を、家庭での仕事に置き換えて答えてみてください。

主婦の仕事の中にもさまざまなものがありますよね。料理などのいわゆる家事だけでなく、人付き合いやお金の管理、目には見えませんが、家族のケアなども重要な仕事です。これらの仕事をどのような気持ちでやっているのかをお子さんに伝えてみてください。

「え、どうしよう。今、自分の仕事を好きじゃない！　イヤなことばっかり……」と困り顔になっている人もいるかもしれませんね。

そんなときは、少し発想の転換をしてみてください。

「イヤな仕事だとしても、そこから何か得られることがあったのでは？」
「大変なことばかりだけど、その中で、よりよくするためのどんな工夫をしてきた？」

このように考えてみると、「そういえば！」と思い浮かぶことがあるのではないでしょうか。

親だから子どもに対して「絶対に愚痴を言ってはいけない」ということではありません。「大変だ」とか「つらい」という気持ちはあってもいいのです。ですが、そこからどう前向きに進もうとしているかをお子さんに伝えてほしいのです。

「しまった、これまで仕事に対するネガティブな発言ばかりしていたかも、しかも子どもの前で……」と焦っている方もいるかもしれませんが、まだ間に合います。

「これまで仕事の愚痴を言ってたことが多かったかもしれないね。ただ、わかってほしいのは、それでも家族のために頑張ろうとは思ってやってるんだよ」

「これまで仕事がイヤだイヤだと言っていたけど……。でも、よくよく考えてみたら、そういう中でも得られたものはあったって最近気づいたんだよね」

大丈夫です。過去のネガティブ発言を認めつつ、今後についてどう考えているかを話していけばぜひ、お子さんと一緒に仕事の話をしてみてください。

子どもに「自分の願い」を押しつけない

子どもと仕事について話をするときに、一番やってはいけないことがあります。それは、子どもに「自分の願い」を押しつけることです。

「だから、○○にはお母さんとは違う仕事についてほしいの」

お子さんは、親御さんの「〜してほしい」という言葉に影響を受けながら育ちます。そのインパクトは、ほとんど「指示」に等しいのです。もし、お子さんが親御さんと同じ仕事を目指していたとしたら、この発言のせいで苦しむことになるでしょう。

親は子どもに幸せになってほしいと思っています。だからこそ、子どもが道を決めようとしているときに、親の言葉で苦しめることのないようにしたいですね。

そうは言っても、子どもに親の願いを伝えてはいけないというわけではありません。

「○○のことを信頼しているから、自分の思うように進んでほしいな」

こんな願いなら、子どももうれしいですね。

ただし、この言葉は「あなたのしたいようにしていいよ」という許可を与える言葉ですから、その後の親御さんの行動も、この言葉に合わせてくださいね。

数日後、「○○業界なんてダメよ」とか「○○業界に決めちゃいなさい」などと言おうものなら、「言行一致」ではありません。親子の信頼関係も揺らぎます。

「仕事に対する姿勢」を見せるだけでもやってみよう

これまで子どもと仕事の話なんてしたことがないという人がほとんどでしょう。

でも、だからこそ、お子さんが就活を迎えるタイミングで話してみてほしいのです。

「ちょっと話しておきたいんだけど、いい？」と前置きして、自分の仕事への思いを話してください。

おそらくお子さんも「え、なんで？」と驚くでしょう。だけど、「今、あえて自分に聞かせたかったんだな」ということは、子どもにもわかるはずです。親御さんの本気が、お子さんの心にも響くからです。

どうしても言葉に出してあれこれ言うのが難しいという人は、仕事に対する姿勢を見せるだけでもいいでしょう。日々、これまで以上に、仕事に対して前向きに取り組んでみてください。

お子さんと離れて暮らしているため、仕事に打ち込む自分の様子を見せられないという人は、お正月などに会ったときだけでもいいので、「最近どう？」という会話の流れで仕事の計画や今年の抱負などを話してみてはいかがでしょうか。

お子さんは、意外なほどに、親御さんの仕事への思いを知りません。身近な親から仕事の話を聞くことで、大きな気づきを得る子どももたくさんいます。ぜひ、恥ずかしがらずに話をしてみてください。

19

「口出しせずにお金を出す」のが最も効果的なサポート

目の前にいる子どもを見ていると、「うちの子は就職のことを考えている様子がない」「バイトばっかりしていて就活は大丈夫なんだろうか？」などと心配になりますよね。私のところにも、イライラしている親御さんがよく相談にやってきます。

けれども、ここで大切なのは、グッと我慢して「口出しをしない」ことです。


「ちゃんと動き出しているの？」

「インターンシップって、もう始まってるんじゃないの？」

「同級生のA君は、もう面接に進んでいるんだって」

「△△業界は安定していそうだから、そこにしなさいよ」

「あなたには、あの仕事が向いているよ。だから受けてみなさいよ」

こんな言葉を言いたくなるのはわかりますが、これまでの子育ての経験からおわかりのように、親が子どもに「やりなさい」と言っても、何も変わりません。「そんなのわかっている」「今やろうとしてたのに」と反発されて逆効果になることがほとんどです。

また、「ここを受けたら?」というアドバイスも、現状をわかっていない的外れなアドバイスであることが多々ありますし、お子さんの考えと違う場合には、強大なプレッシャーになることもあり得ます。

親御さんの中には、子どものESを添削してあげようとしたり、面接の練習相手になろうとする人もいます。もちろんお子さん自身が手伝ってほしいという場合は助けてあげるのがよいのですが、親御さんのほうが前のめりになっている場合は危険です。そういう親御さんに限って、「そんな受け答えじゃ合格しないよ!」などと、自分の価値観で判断してダメ出しをしたりします。

そんなとき、お子さんはどう思うでしょうか。

もちろん、「もう絶対に頼まない」「就活の話はしたくない」と思うでしょうね。

「口出し」はグッとこらえて「お金」を出そう

学生へのアンケート調査によると、就活で親に関わってほしいことの第1位は「相談したときに意見を言ってほしい」（73％）、第2位が「就職活動の資金を援助してほしい」（65％）でした（2013年「調査データで見る『親子就活』」ディスコ社）。

学生は、「相談したときのアドバイス」と「お金」をありがたいと思っているのです。

Part 1でもお伝えしましたが、就活にはお金がかかります。可能であれば事前に準備しておき、そっと渡してあげると喜ばれます。アルバイトで何とかしようとする学生もいますが、アルバイトばかりしていると、就活の準備をする時間がとれないなど、本末転倒です。就活費用に関しては、お子さんともよく話し合いましょう。

インターンシップの開始時期にはスーツが必要

インターンシップの開始時期を考慮すると、就活のスーツなどを購入する時期は意外と早くやって来ます。早い人では2年生、一般的には3年生の6月以降から必要になります。ひとまずスーツ一式とカバンなどの持ち物に関しては「必要になったら、いつでも買うよ」とひと声をかけておきましょう。

20 親ができる効果的なサポートは「紹介・アドバイス・情報」

「お金を出す」というサポートは、親ならではのサポートでしたね。でも、そのほかにも実は、効果的なサポートがあります。それは、これらの3つです。

1 子どもに役立つ情報を話してくれる人を紹介すること
2 社会人の先輩として、有益な情報を自分が子どもに客観的に伝えること
3 志望業界や志望企業選びの手助けをすること

では、それぞれを見ていきましょう。

子どもの志望業界や志望企業の人がいたら、つないであげよう

親御さんの知り合いに、子どもの志望業界や志望する企業の人がいたら、話を聞き

に行けるよう紹介してあげましょう。

いわゆるOB・OG訪問のイメージで、働く人のリアルな声を聞くことは、お子さんにとって大きなメリットがあります。お子さん自身の先輩や知り合いは、年が近い、社会人1〜3年目くらいの人が多いはずです。仕事の話を聞こうと思ったら、社会人経験5年目以上の人に聞くほうが深い話ができるでしょう。

ただし、お子さん自身もネットワークを持っていて、十分に間に合っていると言う場合は必要ありません。あくまでも「知り合いの人でA社の企画の仕事をしている人がいるんだけど、会って話を聞いてみる？　参考になると思うよ」などとお子さんの意思を確認してからにしましょう。

社会の先輩として客観的にアドバイスを

親御さんもひとりの社会人ですから、社会の先輩としてのアドバイスも有用です。

これは現在働いている親御さんのほうが適していると思いますが、働く先輩として、「これはこうしたほうがいいんじゃないか」「こんな業界の情報がある」「うちの会社で面接官をしたときには、こんな質問をしている」など、働いている人ならではの情報提供やアドバイスをすることが可能です。

企業サイドの人間として、子どもが書いた志望動機がどう見えているか教えてあげることも役立つでしょう。ただし、子どもが納得するように「○○の理由があるからここは変更したほうがいいね」などと、必ず根拠や理由も説明するようにしましょう。

就活の初めの段階では、社会人としてのマナーや身だしなみについて、よくわかっていないお子さんもたくさんいます。そして、女子学生よりも男子学生のほうがこの傾向が強いです。

初めてスーツを着たときには、親御さんが身だしなみチェックをしてあげてください。髪がボサボサではないか、ネクタイをきちんと結べているか、腕時計をしているかなど、子どもを総チェックしてみましょう。離れて暮らしているお子さんの場合も、今なら簡単に動画や写真を見ながらチェックができます。一度は見てあげましょう。

特にやりたいことがないという場合は、業界・企業研究を一緒にやってみる

「興味がある業界や企業がない」というお子さんに対しては、「業界の見方や企業の調べ方を手伝おうか?」と声をかけ、一緒に研究用の表を作成してみるとよいでしょう。

『日経業界地図』あるいは『就職四季報業界地図』のどちらかの本を見ながら、「こ

んな業界知ってる?」などと親子で話をしてみましょう。

特に、消費者として馴染みのないような業界を見てみると、面白い発見があるかもしれません。例えば、「工作機械」や「電線」など。「世の中にはこんな仕事があるんだ」「聞いたことのない会社だけど、すごい事業を手がけているんだな」などと見ていきます。

少し関心を持ち始めた業界や企業が出てきたら、3社くらいを選び、比較できる表にしてみます。それが就活ノートです。

〔就活ノートにまとめる項目〕

- **会社の事業の特徴・強み**
- **前年度の決算(売上・営業利益)**
- **従業員数**
- **どんな職種が考えられるか**
- **新卒入社者の3年以内の離職率**
- **働く人が言っている「やりがい」**
- **何年目でどのような仕事をし、キャリアを積み重ねているか**

業界・企業研究に使える「就活ノート」の作り方

同一業界の中で気になる企業を**3**社選び、以下のポイントをノートにまとめて比較する

1. 事業の特徴・強み
2. 前年度の決算（売上・営業利益）
3. 従業員数
4. 考えられる職種
5. 新卒入社者の**3**年以内の離職率
6. 社員の言う「やりがい」
7. 何年目でどのような仕事をしているか

3社を比較して興味を持った部分に◎をつけ、なぜ興味があるのか書いておくとよい

就活ノートに記入する情報は、企業のホームページの決算情報や採用のページの「先輩の声」、上場企業は『就職四季報』、上場していない企業は『就職四季報中小企業版』で知ることができます。口コミサイト「オープンワーク」に掲載されている指標も参考にしてコピーを貼るのもよいでしょう。

それでもピンとくる業界や企業が見つからないというお子さんには、消去法でいきましょう。業界の一覧表を見ながら、「この業界は興味ある？　ない？　どうして？」を繰り返し、興味のない業界を消していくのです。「すごくやりたいわけではないけれど、まあいいかな。ちょっと興味ある」という業界が最後に残るはずなので、その業界の企業をインターンシップの候補にしたり、説明会に申し込むなど、行動していくのもよいでしょう。

自分でサポートし切れないときはプロを紹介する

いくら子どものことでも、ここまでは手伝ってあげられないと思った人もいるでしょう。

そんなときは、専門家であるキャリアコンサルタント（ＣＣ）への相談をオススメします。

今は、大学のほとんどにキャリアセンター（または就職課）があり、そこにキャリアコンサルタントがいます。

相談は予約制のことが多いですが、プロとして就職の悩みをしっかり受け止めてサポートしてくれるはずですから、お子さんに相談に行くよう勧めてみましょう。

マイナビ、リクナビなどが主催する合同説明会にも専門家の無料相談コーナーが設けられていることがありますから、都合が合えば活用してみてください。無料相談のサービスとしては、「新卒応援ハローワーク」もあります。全都道府県にあり、インターネット上にはない求人を用意していたり、就職活動の相談に乗ってくれたりもします。

また、有料になりますが、直接就活生の相談を受け付けているキャリアコンサルタントや、継続的に就活をサポートする塾などもあります。塾は高額になりますから、よく検討してから活用するかどうかを決めましょう。電話相談サイトで就職支援のキャリアコンサルタントに相談できるサイトなどもあり、お試し25分であれば3千円程度で活用できますので、本当に困ったときには、そういう手もあると伝えてみてはいかがでしょうか。

21 食事面のサポートで子どもを支える

就活中、慣れないスーツを着て、初対面の人と会って緊張を強いられる場面を過ごすことも多くなります。しだいに疲れとストレスが溜まり、食欲が落ちて体調を崩すお子さんも少なくありません。ひとり暮らしだと食事が不規則になり、野菜などのビタミン不足になりがちです。

食事面のサポートは、親が可能なサポートの中で、最も重要なものかもしれません。

1 栄養価の高い食事を用意する

お子さんが同居している場合は、身体の抵抗力を高めるような栄養価の高い食事をつくってあげましょう。たんぱく質が不足すると、皮膚や粘膜のバリア機能が弱くなり、病気への抵抗力が弱まります。良質のたんぱく質を毎日の食事の中でとれるようにしましょう。乳酸菌は腸内細菌を増やすので、免疫システムの働きがよくなります。

食物繊維も補って、腸内環境をととのえる食材を使いましょう。粘膜を強くするビタミンA、免疫細胞を活性化するビタミンCとEを補給できる食材もオススメです。

〔オススメの食材例〕

・ヨーグルト　・みかん　・バナナ　・にんじん　・りんご　・緑茶
・鶏肉　・納豆　・キウイフルーツ　・味噌　・キムチ　・にんにく

2 簡単に調理できる手軽なレシピを送る

離れて暮らしているお子さんには、簡単なレシピをLINEなどで送るとよいでしょう。節約にもなりますし、野菜もしっかりとるよう促せます。

・具だくさん味噌汁

だし入り味噌も売られていますので、それを溶かすだけで味噌汁はつくれます。野菜をたくさん入れた味噌汁をつくって飲むように伝えましょう。ほうれん草や小松菜は、ゆでて冷凍しておけば、いつでも使えます。豆腐、油揚げなども常備しておけば、切って入れるだけです。ねぎもキッチンばさみで切ればOK。味噌汁は、豚の細切れを入れれば豚汁風になります。

・ブロッコリーのサラダ

ブロッコリーはビタミンAが豊富です。手でちぎってレンジでチンすれば、ゆでたのと同じです。そこにプチトマトを入れ、マヨネーズやドレッシングをかければ、色鮮やかなサラダのできあがりです。チーズも入れれば、たんぱく質も一緒にとれます。

・時間がないときの朝食

朝、時間がないときでも朝食抜きはNG。みかんやバナナ、ヨーグルトだけでもいいので食べましょう。オススメは、小松菜などの緑色の野菜が入った野菜ジュースをミキサーでつくること。面倒なら、青汁を飲むだけでも栄養の足しになります。

・サバの缶詰、エノキ、ピーマンを混ぜてレンジでチン

サバはDHAをたっぷり含んでいるので栄養価が高くてオススメです。それに食物繊維が豊富なキノコとビタミンCを含むピーマンを混ぜ合わせます。包丁を使わずにキッチンばさみで切ってもOKです。お好みで、しょうゆを少したらしましょう。

3 食材と一緒に手紙も入れて送る

離れて暮らしているお子さんにとって、親御さんから届く食材は、お金の援助のようにありがたいものです。

野菜と一緒に「ほうれん草は、ゆでたら小分けにして冷凍ね」などと手紙が入っていると、あたたかい気持ちも伝わります。フルーツは意外と値段が高くて、なかなか学生は買うことができません。リンゴやみかん、バナナなどの手軽に食べられるフルーツを送ってもらえると、けっこううれしいものです。不足しがちなビタミンを補給でき、健康管理に役立ちます。

どんなに忙しくても、食事はとらなくてはいけません。

食事面のサポートは、子どもにとってはありがたく、親としても、子どもからイヤがられない唯一のサポートです。

同居しているお子さんには、朝食に具だくさんの味噌汁を用意したり、夕食を家でとれる日には、たんぱく質や発酵食品、野菜いっぱいのメニューにするなど、できるところから工夫してあげるとよいでしょう。

22

タイプ別サポート法①

A 目的志向達成タイプの親の接し方

ここからは、Part 2の「自分のタイプを知る価値観・特徴チェックテスト」で判定された「タイプ別」の子どもの接し方についてお伝えします。

「親がAタイプで、子どもがBタイプのときには、こうすればよい」という親子の組み合わせに応じた接し方についてお話ししますので、お子さんのタイプも判定し、該当する組み合わせの解説を読み進めてください。

では、まず、目的志向達成タイプの親とA〜Eの子どもの組み合わせを見ていきましょう。

子 A 目的志向達成タイプ × 親 目的志向達成タイプ

親も子も同じタイプなので、互いを理解しやすい反面、「自分が常に正しい」と考える傾向が強いため、双方が主張をしすぎてケンカになったり、互いに受け入れられない状態になってしまいがちです。

企業選びなどで親が意見を強く主張すると、自分で判断したいタイプの子どもは反発します。親御さんは、自分が譲るところがどこなのかを考えて、ときには意見を言わずに黙っていることも必要だと思ってください。

お子さんの目標を達成しようとする頑張りと行動力は、ほめてあげてくださいね。

子 B つながり重視タイプ × 親 目的志向達成タイプ

双方とも自分から主体的に行動しようとする傾向があるので、話のテンポが速く、気は合うでしょう。ただし、親（目的タイプ）は「自分が正しい」と考えているので、子ども（つながりタイプ）に指示したり、攻撃的な伝え方をしたりすることがあるので気をつけてください。

つながりタイプの子どもは、批判的な言葉を言われるとショックを受けて思考がストップしがちです。一般的に、就活中には何度も不合格を経験するものですから、落ち込む場面も多いでしょう。親からのダメ出しは極力控え、お子さんのよいところを認める言葉を伝えましょう。

子 C 論理的客観視タイプ × 親 目的志向達成タイプ

「物事」重視という共通点があるので、論理的に話ができます。

子ども（論理的タイプ）は行動するより前に計画や分析を考える傾向があるので、親（目的タイプ）は「つべこべ言ってないで、早く動けばいいのに」とイライラしてしまうかもしれません。ですが、そこは冷静にアドバイスしましょう。

「就活は限られた時間で結果を出さないといけないから、ひとまず行動することが重要だよ」などと具体的な理由を伝えて説明すると、納得してもらいやすくなります。

子 D アイデア発想タイプ × 親 目的志向達成タイプ

発想タイプは、自分の興味や感情に正直です。興味や意見の方向が同じであれば、話が合い、お互いをわかり合えるでしょう。

就活においては、親（目的タイプ）が子ども（発想タイプ）と異なる意見を頭ごなしに強く主張すると、子どもは親に反発します。

発想タイプの子どもは、興味を持っている業界や企業以外には興味を示さず、選択肢が狭まる傾向があります。そのため、発想タイプのお子さんにアドバイスをする際は、いったん、お子さんのアイデアを受け入れて認め、よく聞いてあげてください。

それから、「なるほど。だったら今、○○をしておくと役に立つんじゃない？」などと、お子さんの視野を広げるような言い方で提案してみるのがポイントです。

子 E 地道な努力家タイプ × 親 目的志向達成タイプ

対極のタイプです。地道タイプのお子さんは、自分で決断することが苦手なので、目的タイプの「こうすべき」と指示的に聞こえる言葉を受け入れやすいのです。

けれども、このやり方を続けていると、お子さんは「自分で決められなくて、依存性の強い、指示待ち人間」になってしまいます。

この先、就職して、自分の力で生きていくことを考えると、自分で考えて判断する力も必要です。今、ここでそういう訓練をしておかなければいけません。

ここは親として的確な指示を出したいところですが、お子さんのためにグッと我慢をしましょう。子どもがなかなか意見を言わなくても、決断できなくても、辛抱強く待つのです。

「大丈夫だよ、それでいいよ」と安心させて、子どもの自己肯定感を高めてください。

23

タイプ別サポート法②

Bつながり重視タイプの親の接し方

ここでは、つながり重視タイプの親とA～Eの子どものサポート法を、それぞれ見ていきましょう。

子 A目的志向達成タイプ × 親 つながり重視タイプ

話のテンポや行動するときの速度は合うのですが、親（つながりタイプ）の「過剰に世話を焼いて関わろうとする」という特徴が悪く作用すると、子どもから「うるさい！」と思われるでしょう。その結果、相談などを求められることがなくなります。

就活に関しては、なるべく子どもの裁量に任せ、自分から何かをしてあげるのは我慢することをオススメします。「子どもが相談してきたときに、きちんと話を聞く」「子どもの意見を尊重して認める」というイメージで関わってください。

子 B つながり重視タイプ × 親 つながり重視タイプ

「人と関わりたい、つながりを感じたい、役に立ちたい」という価値観が同じなので、話は合います。お子さんも親御さんに話を聞いてほしいと思うことが多いでしょう。

つながりタイプのお子さんは、試験がうまくいかなかったときなどに、相手に否定されたような気がして、ひどく落ち込んでしまいがちです。

その際、親（つながりタイプ）も共感してしまうタイプですから、一緒に落ち込んだり、なぐさめてばかりいると、いつまでも次のステップに進めません。

子どもに共感するだけでなく、社会人の先輩として客観的なアドバイスをするように努めましょう。

子 C 論理的客観視タイプ × 親 つながり重視タイプ

対極のタイプの親子です。

お子さんは論理的なアプローチを好み、「なぜそうなるのか」「どのようにすれば合理的なのか」をじっくり考える傾向があります。

親は人のつながりや感情を大切にするタイプなので、考えに集中している子どものことを「うちの子は黙っていることが多くて、何を考えているのかわかりにくい」と思っています。

一方、お子さんのほうは、親（つながりタイプ）が世話を焼きたくて周りをウロウロしているのをうるさいと感じています。ですから、「この子は自分とは違うタイプなのだ」と認識し、親からの関わりを少なくしてみましょう。

相談がない、何か質問しても答えが返ってこないなど、子どもの反応が薄いように感じても、気にせずに見守っていてください。論理的なお子さんですから、必要があれば自分からアクションしてくるはずです。

子 D アイデア発想タイプ × 親 つながり重視タイプ

自分軸の子ども（発想タイプ）と、他人軸の親（つながりタイプ）は大切にしている価値観の部分が違うので、お互いを理解しづらいことが多々あると思います。

人への態度にしても、子ども（発想タイプ）はマイペースです。親（つながりタイプ）はハラハラしてしまい、「そんな言い方をしてちゃ、きちんと相手に伝わらないよ」などと注意したくなるでしょう。ですが、それを言っても反発されるだけです。

例えば、お子さんの就活がうまくいっていないときなどに、「自分が本当にやりたい仕事をゲットしたければ、ときには相手のニーズに合わせることも必要だよ」と、さりげなく伝えてみてください。タイミングによっては、素直にアドバイスを受け取ってくれます。

子E 地道な努力家タイプ × 親 つながり重視タイプ

子ども（地道タイプ）と親（つながりタイプ）には、「人」を重視して物事を進めるという共通点があります。また、双方がつながりや感情を大切にするので、就活でも、いろいろと意見交換ができると思います。

親と子の大きな違いは、お子さんのほうが主張する力が弱く、重要なことを決断するのが苦手なことです。

このタイプのお子さんは、定期的に話を聞いてほしいと思っていることが多いので、こまめに声をかけ、悩みや話を聞いてあげる機会をつくるとよいでしょう。

そして、よいところを認め、励まし、「その内容の自己PRで大丈夫！」などと、具体的に伝えてあげてください。このタイプは「いつも親から見てもらっている」という安心感があると、行動しやすくなるのです。

24

タイプ別サポート法③
C 論理的客観視タイプの親の接し方

ここでは、論理的客観視タイプの親とA～Eの子どものサポート法を、それぞれ見ていきましょう。

子 A 目的志向達成タイプ × 親 論理的客観視タイプ

「論理的に考え、物事への興味がある」という点では共通している二人です。

就活においては、親（論理的タイプ）は正確な情報をもとに分析しながら考えたいので、情報源である子どもからあれこれ聞きだそうとします。

しかし、子ども（目的タイプ）は即断即決で、どんどん次に行こうとするタイプです。

親から「今、どの企業を受けているのか？」とか「どういう基準で企業を選んでいるのか？」などと細かいことを聞かれると、「うるさい」と感じます。

親はそのことを理解したうえで、「面接試験でも、なぜそう思っているか聞かれるだろうから、大事なことだし聞かせてくれる？」などと論理的に伝えてみましょう。理由も一緒に伝えることで、納得し、話してくれるでしょう。

子 B つながり重視タイプ × 親 論理的客観視タイプ

子ども（つながりタイプ）の「人を大切にする」という価値観を理解して、感情に配慮した接し方をすることが重要です。親（論理的タイプ）の論理的なアプローチや計画的なやり方をそのまま行うと、このタイプのお子さんはついてきません。

「どうしてそんなに無計画なの？」「そんな話の仕方だと伝わらないんじゃない」、こうした指摘は事実でしょうが、この言い方ではお子さんに受け取ってもらえません。

アドバイスをするときには、「大変だったね」「○○の人を大切にするところはいい点だね」など、いたわりの言葉をかけたり、長所を認めていることも意識的に伝えましょう。そのうえで感情に配慮しながら言うべきことを伝えていきます。

子 C 論理的客観視タイプ × 親 論理的客観視タイプ

親子が同じタイプなので、「なぜ子どもがこういう行動をとるのか」「子どもが今、どのように考えているのか」といったことを理解しやすい面があるでしょう。

論理的タイプのお子さんは慎重になりすぎるので、行動や決断が遅くなりがちです。ともすると企業選びや応募などの行動が後手に回る恐れもあります。「自分もそうだったからわかるんだけど……」などと自分の経験談も交えつつ、行動を促しましょう。

基本的には、お子さんのほうから相談されることは少ないかもしれません。あってもネクタイの結び方などの些細なことで、自己分析や志望企業に関わるような重大なことを自分から相談してくることはないでしょう。

お子さんの話を聞きたいときは、同じタイプですから「自分だったら、こう聞かれると話したくなるかも……」という聞き方を工夫してみてください。

例えば、志望企業を選んだ理由などを論理的なアプローチで質問してみると、スラスラ答えてくれる可能性があります。

子 D アイデア発想タイプ × 親 論理的客観視タイプ

発想タイプのお子さんは、自分で新しい企画を立てたり、自分のアイデアを生かせる仕事に就きたいと思っていることが多いです。

企業では、論理的タイプのような合理性を重んじ、正確に確実に行うことが得意なタイプも大事ですが、発想タイプのような大胆な発想ができる人材も必要です。

親御さん（論理的タイプ）は「社会では、あなたのような考えは通用しない！」と言いたくなることもあるでしょうが、それを言うと、お子さんの個性を止めることになります。まずはお子さんの意見を尊重し、考えが浅いと思う点について「ここを企業の人も突っ込んでくるかもしれないから、もっと深掘りしたほうがいいよ」などとアドバイスするとよいでしょう。

子 E 地道な努力家タイプ × 親 論理的客観視タイプ

責任感が強いという点では、2つのタイプは共通しています。

地道タイプのお子さんは、説明をするときに話が延々と長くなってしまう傾向があります。状況を細かく話してわかってもらおうとするのです。すると、親（論理的タイプ）はしびれを切らし、「で、何が言いたいの。大事なことから話してよ」と言いたくなってしまいます。ですが、それを言ってしまうと、お子さんがへこんでしまうことは確実です。この先、一切、話をしてくれなくなるかもしれません。

お子さんの話は、粘り強く聞いてあげましょう。そのうえで「面接では結論からわかりやすく話すことも大事だから、普段から意識しておくといいね」などと伝えてあげるとよいでしょう。

25

タイプ別サポート法④
Dアイデア発想タイプの親の接し方

ここでは、アイデア発想タイプの親とA～Eの子どものサポート法を、それぞれ見ていきましょう。

子 A 目的志向達成タイプ × 親 アイデア発想タイプ

この2つのタイプの共通点は、「物事」に興味があることです。

目的タイプのお子さんは、やると決めたら突き進んでいくので、就活もひとりでグイグイと進めていきます。

しかし、そんな就活のことで頭がいっぱいのときに、親（発想タイプ）がマイペースに自分の楽しみを謳歌しているのが目に入ると、少々苛立ちも感じます。

親にも自分の楽しみがあるのはいいことですが、子どもの就活そっちのけで、興味があることの話ばかりしないようにしてください。

特に子どもと同居している場合は、「あなたの就活を気にかけて応援している」という姿勢を子どもに見せるようにしましょう。

子 B つながり重視タイプ × 親 アイデア発想タイプ

つながりタイプのお子さんは、「人との関わり」を大切にしています。

そのため、物事への興味を重視する発想タイプが子どもへの気づかいや共感を怠ると、「わかってもらえない」と思ってしまいがちです。いったん心を閉ざしてしまうと、お子さんは悩みの相談や話をしてくれなくなるかもしれません。

物事重視の発想タイプとしては、「面倒だし、それならそれでいいよ」と思うかもしれませんが、それではお子さんとの関係は修復できません。

お子さんは、就活でさまざまな初めての経験をしています。これまでの自分のやり方が通じないことに落ち込んでいるかもしれません。

親としては、「就活はいつもと違う体験だからね」と子どもに寄り添いつつ、「世の中には自分と異なる視点の人がいること」や「自分とは違っている人たちとわかり合えるのも面白い」ということを伝えてみましょう。

子 C 論理的客観視タイプ × 親 アイデア発想タイプ

物事に興味があり、行動重視という点では共通しています。論理的タイプのお子さんは、確実で計画的な道を進もうとします。あれこれ考える時間が長いため、行動が遅くなってしまいがちで、「なぜうまく行かないのだろうか?」と就活にも正解を求めようとします。

感情や直感で行動する親（発想タイプ）の目には、そんな子どもの姿が「そんなことを考えていても答えはないのに……」と歯がゆく映るでしょう。

ひとりで考え込んでしまうと既存の思考から抜け出せないことも多いので、「例えばこんな業界や企業もあるかもしれないね」などと、視野を広げるアドバイスができるとよいですね。ただし、次から次へとアイデアを受け入れるのは苦手なので、向こうから話があったときや「こんな資料、参考になる?」などと話を持ちかけて、手応えがあったときのみ、内容を絞って伝えるようにしましょう。

子 D アイデア発想タイプ × 親 アイデア発想タイプ

同じタイプなので、新しいことへの興味など、話が合うことも多いでしょう。

共感して話を聞けるのはいいのですが、「そうだよね。その会社はわかってないよね！」などと、愚痴を言って終わりになってしまうのでは意味がありません。

お子さんがノリノリで、うまく就活の波に乗っているときは問題ありませんが、現実的なことや地道なことを先方から求められて手間取っている場合もあるでしょう。

発想タイプは、そういう状況から逃げたくなることもありますので、自分の実体験なども話し、「今が、頑張りどきだ」ということを伝えてあげられるとよいでしょう。

子 E 地道な努力家タイプ × 親 アイデア発想タイプ

この二人は、ある意味、対極にあるタイプです。

発想タイプの親御さんは、お子さんに対して「どうしてあんなに言葉少なで自分のやりたいことを言わないんだろう」と思っているかもしれません。お子さんのほうは「自由すぎてついていけない」と思っているかもしれません。

お子さんは、「親に言っても理解してもらえない」と思っているフシがありますから、無理に話をしようとせずに、「暑いけど気をつけてね」「おかえり、お疲れさま」などと頻繁に声かけをしてみましょう。努力家タイプのお子さんは、親から見守られていること、気にかけてもらっていることをうれしく感じます。

26

タイプ別サポート法⑤
E 地道な努力家タイプの親の接し方

ここでは、地道な努力家タイプの親とA～Eの子どものサポート法を、それぞれ見ていきましょう。

子 A 目的志向達成タイプ × 親 地道な努力家タイプ

この二人は対極のタイプの親子です。親と子が違う行動特性や価値観を持っているということを認識したうえで、目標に向かって行動を起こすのが得意なお子さんを信頼し、あえて細かいことは聞かないようにしましょう。

「○○は自分で動ける子だから、信頼しているよ」などと伝え、子どものほうからアクションがなければ、余計な口出しをせずに見守りましょう。

志望企業に関しても、「安定しているの?」「激務の会社じゃない?」といった質問攻めは、子どもの心を閉ざします。そうではなく、「その会社に入ったら、どんなやりたいことが実現できそうなの？」などと子どもの具体的な考えを聞けるような質問を繰り出しましょう。親の意見を伝えるにしても、まずは子どもの話を聞いてからです。

子 B つながり重視タイプ × 親 地道な努力家タイプ

「対人重視」という点では、2つのタイプは共通しています。

つながりタイプのお子さんは話を聞いてほしいので、親（地道タイプ）にも就活の話をしてくるでしょう。話をしてこないときは、何かに悩んでいるのかもしれません。友人などに話を聞いてもらっている様子ならいいですが、そうではなさそうな場合は「忙しそうだけど大丈夫？」などと声をかけてみるとよいでしょう。つながりタイプは、話すことで気分がスッキリします。

ただ、話にとりとめがないので、状況を改善させる方向には向かいにくいです。話を聞いたあと、「では具体的にどうしたらよいか」という次のステップを親御さんと一緒に考えられるといいですね。

子 C 論理的客観視タイプ × 親 地道な努力家タイプ

論理的タイプのお子さんは、しっかりと事実を捉えて論理的に分析・計画することが得意です。そのため、自分の考えで就活も進めようとするでしょうから、あまり親には相談してこないことが多いです。そのため親は、子どもがどういう状態なのか見えないと思います。

親（地道タイプ）は心配のあまり、あれこれ質問してしまうかもしれません。ですが、自分が心配していることを長々と話すことはしないようにしましょう。

論理的タイプのお子さんは、冷静で客観的な視点を好みます。親御さんとも「この業界は、今、こういう状況だよね。こういう対策も必要になるんじゃない？」といった具体的な会話ができると好ましく感じます。

論理的タイプのお子さんは、面接試験などで「物事をいかに努力して進めたか」というアピールをしがちです。もちろんそれもよいのですが、企業としては、「物事を推し進める際に、どのように『人』と関わってきたか」も知りたいポイントです。

自分軸ではない違う視点で考えることも重要であることを伝えてください。

子 D アイデア発想タイプ × 親 地道な努力家タイプ

発想タイプのお子さんの話をじっくり聞いてあげられるのが、地道タイプの親御さんのよいところです。お子さんが相談をしてきたら、相談内容を具体的にして、話があちこちに飛んでいかないように整理しながら一緒に考えてあげましょう。

発想タイプのお子さんは喜怒哀楽がハッキリしています。そのため、就活がうまくいかないときには、ふさぎ込んでやる気を失ってしまうこともあります。

親御さんは不安でしょうが、ここは悠然と構えていてください。間違っても、「どうしたの？」「大丈夫？」などと、傍らで慌てふためかないでください。黙って見守り、「困ったらいつでも話を聞くからね」と声をかける程度がよいでしょう。

子 E 地道な努力家タイプ × 親 地道な努力家タイプ

タイプが同じなので、考えていることや陥りがちな状況もわかりやすいでしょう。お互い強く主張するタイプではないので、穏やかな親子関係を築けます。

ただ、もしかすると、お子さんは自分が本当にしたいことを気兼ねして言い出せていない可能性があります。就活シーズンの早い時期に「遠慮しなくていいから、本当にやりたい仕事があったら聞かせてほしい」と伝え、話を聞いてみてください。

仮にその希望が親の意見に反するものであっても、まずは、お子さんの意志を尊重しましょう。せっかく話してくれたのに、お子さんの心を閉ざすことのないようにしてください。

27

パートナーにも、子どものサポートに協力してほしいとき

ここまで「親（自分）」と「子ども」という二人の関係を考えてきましたが、ひとり親家庭でなければ、もうひとりの親の関わりも子どもに影響してきます。

ここでは、パートナーに「もっとこんなふうに子どもをサポートしてほしい」と伝える方法を考えていきます。

パートナーにもタイプを判別してもらおう

Part 2の「価値観・特徴チェックテスト」をパートナーにも実施してもらいましょう。「この本を読んで、チェックリストをやってみて」と相手に渡してみてはいかがでしょうか。

このチェックリストから得られる内容は、夫（妻）があれこれ指摘するよりも受け取りやすいと思います。

これまでの自分の子どもへの対応は過保護すぎたのか？　ダメ出しばかりだったのか？　関わりが少なすぎたのか？　チェックリストで自分のタイプを判別することで、これまでの自分の行動を見直すことができるでしょう。わが子への対応を客観的に見つめ直すキッカケになると思います。

何が問題なのかを整理してみよう

けれども、本を読んでチェックリストをやるだけでは「何も気づかない」という人もいます。その場合は、まず自分が相手の何を問題だと思っているのか、何を改善してほしいのか、それはなぜなのか、自分自身の思いを整理してみましょう。

私のところに相談にきたある母親は、パートナー（父親）が子どもに公務員への応募を強要していることを気にしていました。

子どもには、ほかにやりたい仕事があり、公務員には興味はないことを母親は知っていて悩んでいました。そこで、私は彼女にこのように質問しました。

・◯◯さんにとって「何」が問題なのですか？

・それはなぜ○○さんにとって問題なのでしょうか？
・○○さん自身はお子さんにどうなってほしいのですか？
・○○さんがこの問題を解決するためにどんな行動をすることができますか？
・○○さんがこの問題を解決することで得られるものはどんなものですか？
・逆に○○さんがこの問題を解決することで失うものはありますか？

彼女はこの質問に答えていきました。その結果、「子どもには自分のやりたい道を選んでほしいのに、それをパートナー（父親）に主張できない自分の歯がゆさに葛藤していること」が問題であると考えていることに気づきました。

お子さんが実家に帰ってくると、ことあるごとに「公務員を受けるように」と伝えるパートナー、そして「受ける気はない」と答える子ども。自分は黙りこんで何も手助けしてやれない……。

お子さんが下宿先に帰ったあとに、「何であいつはあんなに言うことを聞かないのか」とブツブツ言っているパートナーに対して何も言うことができず、「どうして自分はこんなに勇気がないのか」と自己嫌悪に陥っているのが彼女の現状でした。

このように、問題について整理してみると、お子さんへの対応のことだけでなく、自分とパートナーの問題が存在することがあります。

相手の主張は、こちらの言い分を伝えても変わらないかもしれません。けれども、自分の気持ちや意見をきちんと説明することは、自分自身にとっても大切なことです。伝えることでストレスが減り、スッキリできる部分があるからです。それで家族が一時的にギクシャクしたとしても、自分の意見を言うと決めたら誠意を持って伝えたほうがいいのです。

このとき、「あなたが強制しようとするからダメなんじゃない！」「なんでそんなこともわからないの！」などと相手の人格や行為を否定するような言い方はダメです。関係を悪くし、逆効果になってしまいます。

そうではなく、例えば、こんなふうに自分の気持ちや意見を伝えてみてください。

「あなたの気持ちはわかるよ。子どもの将来の安定を考えて言っているんだよね。でも、私はあの子の人生だから、あの子がやりたいことをやらせてあげたいと思っている。あなたが自分の考えをあの子に伝えるのは自由だけど、もっとお互いにどうしてそう思っているのか、自分の気持ちも伝えて話し合ってみてくれない？　あの子の言うことを否定するんじゃなくて、まずは、あの子の話もとことん聞いてあげてほしいの。お願いします」

あるいは、「自分はパートナーに思いを伝えない」と決めることもできます。それも自由です。ただ、「言わない」と決めたら、それ以上、悩まないことが大切です。

それでも「やはり気になる、どうしても子どもの味方をしてあげたい」と思うなら、やはりパートナーに伝えるほうがよいでしょう。

ひとつの例で説明しましたが、「～するべきだ」「～が正しい」というような意見は、多くの場合、人間関係に問題を起こします。「絶対にこれが正しい進路だ」「子どもはこの道を進むべきだ」という正解はありません。お子さんにどうしてもやりたいことがあるなら、自分の信じる価値観に従って進んでみるしかないのです。

親ができるサポートは、その参考になる客観的な情報をさりげなく提供してあげることや援助をすること、頼まれたら相談に乗ってあげることです。

このことは、パートナーにも理解してもらいましょう。

28 理系ならではの就活事情を知っておこう

ここまで文系の学生向けのことばかり書いてあると思った方もいるかもしれません。たしかに理系の学生の就活や企業選びには異なる面があります。ここでは理系ならではの就活事情を解説し、親ができるサポートについてもお伝えしていきます。

理系の進路は大きく分けて4つ

「理系」といっても、機械、電気・電子、化学、薬学、情報、物理学、数学、建築・土木、医学、生物学、農学……というように、いくつもの学部学科があります。

皆さんもご存じのように、理系の場合は、大学の専攻により、どの業界の技術職を目指すのかが、ある程度決まってきます。

大学受験のときには漠然と、「ものづくりが好き」などの理由で受験する学部を選んだお子さんもいるかもしれませんので、現時点では、どのような気持ちでいるのかを確認する必要があります。
大学ごとにカリキュラムも異なりますし、履修の状況も違ってくるので一概には言えませんが、理系学生の進路は大まかに分けると次の４つに分かれます。

1 自分の学んできた専攻分野を活かした業界に大卒で就職する
2 技術系だが、自分が学んできた専攻分野とは違う業界に大卒で就職する
3 専門分野を研究するために大学院に行く（修士卒で専攻分野の業界に就職する）
4 専攻してきた内容や技術系の仕事ではなく、文系学生と同じ総合職に応募する

理系の就活も30年前とは大きく違っています。1〜4それぞれの就活がどのような状況なのか、親世代のときとどんな変化があるのかについて知っておきましょう。

理系では、大学院に進学したほうが就職に有利になる場合も

文部科学省の２０１６年の統計によると、学部卒の進学率は理学系で約42％、工学系で約36％です。大学入学時に目指したい業界や職種が決まっていて、大学院への進学後に就職することを目指している理系学生もたくさんいます。

理系学生の進路 4類型

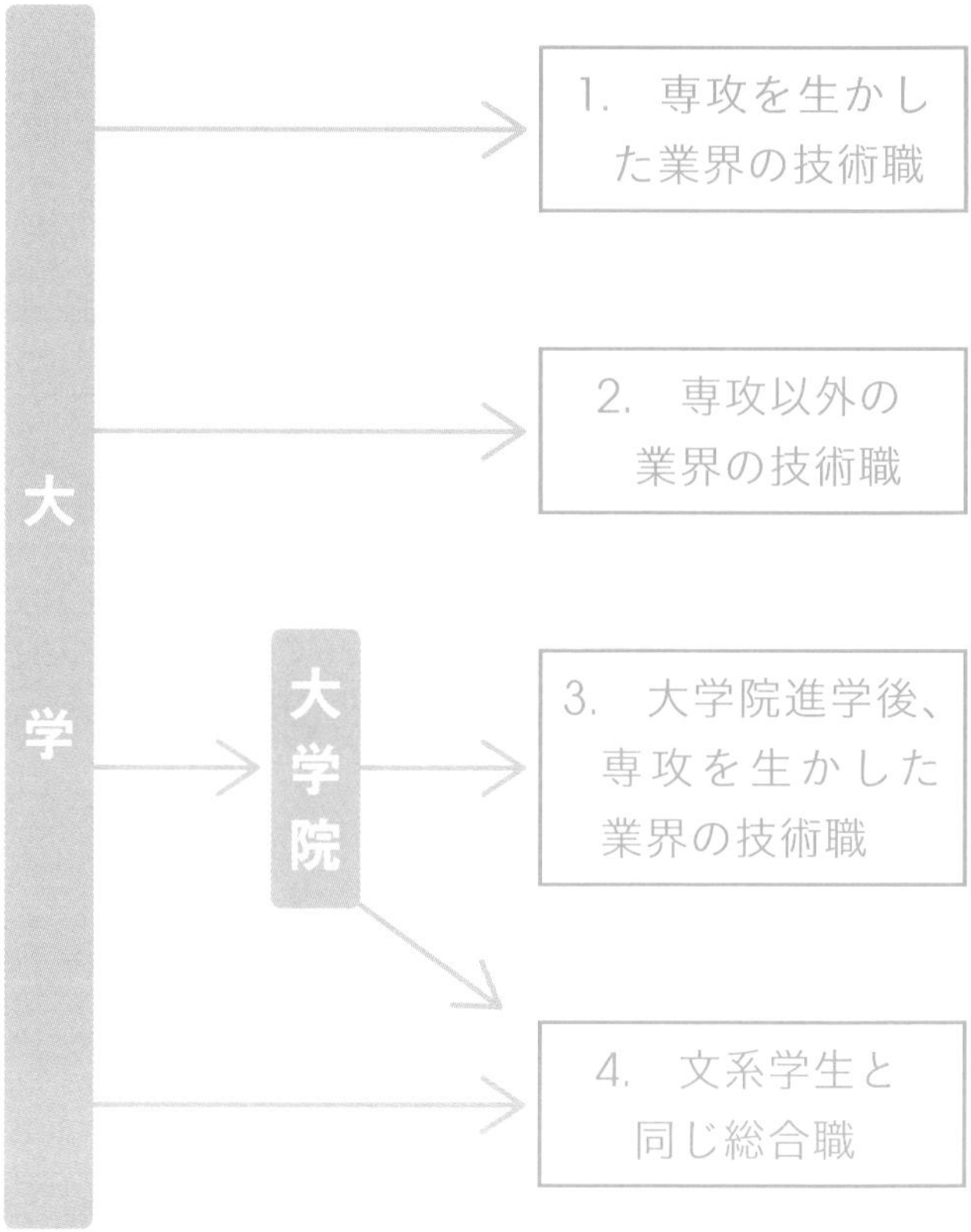

1〜3は技術系で、4は総合職での就職となる

ちなみに文系の進学率は、人文学系は約5%、社会科学系は2・5%に過ぎません。文系の場合は、総合職の採用試験で大学院で学んだ専門を問われることが、正直、ほとんどありません。一部の外資系のコンサルティング会社やシンクタンク、研究所などを志望しない限りは、むしろ院卒であることがマイナスに働く場合もあります。

しかし、理系の学生の場合は、学部卒で就職するよりも修士卒で就職するほうが、志望する専攻によりマッチした職種に就ける可能性が高いです。理系学生の多くが大企業の研究・開発職を希望しますが、企業に求められる資質のレベルが高くなるため、専門性の高い修士卒の学生が有利になるのです。数は多くありませんが、企業によっては、修士卒以上でないと応募できないという職種もあります。

1～4のどれを志望するのかも含め、「就職をするのか、進学をするのか」を大学入学時、2年次、3年次などの節目で確認しておく必要があるでしょう。

大学の推薦枠を使った就職率は低下している

理系だけで考えると、昔と大きく違うのが、大学、学部、研究室などの「推薦枠」を使って就職する学生が減ったことです。

親御さんの時代には、理系の学生の多くが推薦枠で就職を決めていました。

特にバブル期は日本のメーカーの業績が好調で、大量の技術者を必要としていた時期です。企業側も、ほぼ１００％入社してもらえるので、教授や大学とのパイプをつくって人材を確保し、学生も教授の指示に従うのが当たり前だと考えていました。

しかしバブル崩壊後は、学校推薦なら誰でも合格するという時代ではなくなり、現在は、学校推薦枠でも合格しないというケースも珍しくなくなりました。

現在の学校推薦は、自由応募よりは合格率が高いことが多いようですが、必ず合格する保証はなく、合格したら辞退はできないこともあり、推薦自体を希望しない学生が増えているのです。

また、志望先の多様化も原因のひとつです。皆さんの親世代の理系の就職先と言えばメーカー、建築土木系がそのほとんどを占めていましたが、現在は、金融や外資系コンサルティング系、通信業界などを選択肢とする学生も多くなってきました。

たった1社しか応募できない昔ながらの学校推薦枠は学生のニーズに合わなくなり、「希望する企業や職種で推薦枠があれば使う」程度のものとなっています。

理系の学生も、文系の学生と同じように、自由応募枠で多くの企業にエントリーするパターンが増えました。親として、この現状も知っておきましょう。

理系のインターンシップは視野を広げて

理系学生対象のインターンシップも増加傾向で、企業はインターンシップで学生と接点を持ちたいと考えています。一方、理系の学生は研究に時間をとられ、学会発表の準備にも忙しいため、長期のインターンシップへの参加は難しい現状があります。そこで、1DAYなどの期間が短めのインターンシップで業界や企業を研究することをオススメします。お子さんの専攻分野によりますが、自分の専門分野と直結していなくても、幅広い業界で必要とされるAIやロボットなどを扱う分野のインターンシップは経験のひとつになるでしょう。IT系企業などは、専攻にかかわらず、数的処理や論理的思考力のある理系の人材を歓迎しています。

大学と家の往復になりがちな理系学生の視野を広げる体験は重要です。家族の中でも、さまざまな業界の可能性を話し合ったり、親のネットワークの中で情報を教えてくれる社会人がいないか探してみましょう。

総合職で就活をする理系学生へのサポート

最後に、専攻分野や技術系にこだわらず、文系学生と同じ総合職に応募したいお子さんへのサポートについてです。

大学在学中に考えが変わり、自分の専攻分野で就職するよりも、自分の特性や興味を活かした職種、例えば営業職などに就職をしたいと考える学生もいます。この場合、文系の学生同様に、企業の総合職を目指して就活することになります。

このような場合、親御さんは驚くかもしれませんが、どうしてそう決めたのか、感情的にならずに理由をよく聞いてあげてください。

そして、就活中には「なぜ理系の技術職ではなく、この仕事に就きたいと思ったのか？」と何度も質問されることを覚悟しなくてはいけないこと、これから自己分析やさまざまな試験対策をしっかりやらなければいけないことなど、今後の具体的なことについても客観的に説明してあげるとよいでしょう。

技術職でなくても、ＩＴ業界での営業職、機械メーカーでの総合職など、理系の専攻を活かしたエンジニア以外の仕事もありますし、そういった職種では、理系で学んだ論理的思考力や数的処理の力、問題解決の方法などは必ず役立ちます。

お子さんの方向転換が熟慮のうえならば、「使える学びはたくさんあるよ」と伝えて応援しましょう。

29 芸術系、クリエイティブ系の学生への就活サポート

次に、やはり特殊な部分のある芸術系学部、クリエイティブ系の専攻の学生の就活事情を把握しておきましょう。

他学部の学生との違い

芸術系、クリエイティブ系とは、美術、音楽、映像、演劇、デザインなどを専攻している学生を指します。理系の学生と似ていますが、専門性が高く、学んだことと直結する仕事を志望する人と、文系の学生のように総合職を志望する人に分かれます。

まず、他学部との大きな違いは、企業のクリエイティブ系の職種に応募する際には、ポートフォリオと呼ばれる「作品集」を履歴書やＥＳと一緒に提出することが求められる点です。

この作品集は、自分の専攻分野の学びの集大成であるのですが、「企業への応募の

ための作品集である」ということを念頭に置いて制作することが重要です。

つまり、オリジナリティや個性だけで勝負するのではなく、応募先の企業が求める内容で、かつ、自分の能力や技術を伝えられるポートフォリオでなければいけません。

芸術系、デザイン系の学生の親御さんは、この特徴を理解しておきましょう。

最近の傾向として、ＩＴの発達により、さまざまな業界がコラボレーションを推し進めています。そのため、今までクリエイティブ系の能力を必要としていなかった企業も、新たな事業を立ち上げ、人材を確保したいと思っていることがあります。

自分が学んだ技術をどこの業界の仕事で活かせるのか、どの企業で必要とされているのか、視野を広げて探すことが大切です。

芸術系、クリエイティブ系を専攻する学生は、日々、自分の作品制作のことで頭がいっぱいになってしまい、ビジネスに関連する情報にうとくなってしまいがちです。

音楽系エンターテインメント会社や映画会社、広告代理店、デザイン事務所などだけが就職先ではありません。

親御さんはお子さんへ、『業界地図』などを参考にして志望業界を探したり、大学の卒業生の就職先を調べたりするなど、さまざまな可能性を考えるようにアドバイスをしてみてください。

クリエイティブではない、総合職を志望する子どもへのサポート

理系の学生と同様に、在学中に自分の能力に限界を感じたり、興味がほかの分野に移ったり、ほかの仕事に適性があると気づいて、総合職での就職を目指す学生もいます。

中には、本当はクリエイティブ系の就職をしたいと思っているのに、自信がなくて方向転換を図るお子さんもいます。

たしかに才能と努力が必要な世界ですから、すべてのお子さんが向いているとは思いません。ですが、本当に今の時点であきらめてしまってよいのかどうか、お子さんの気持ちをよく聞いてあげるとよいでしょう。

例えば、ポートフォリオは作り、総合職とクリエイティブ系の就活を並行で行うというのも一案です。もしお子さんがそんな悩みを相談してきたら、いろいろな可能性を一緒に考えてみましょう。

30 LGBTのわが子へのサポート

LGBTとは、レズビアン、ゲイ、バイセクシャル、トランスジェンダーというセクシュアル・マイノリティ(性的少数者)のことです。

近年、多様性を受容するダイバーシティーの浸透などもあり、急速に社会で理解が広まってはいるものの、就活においては、まだまだ課題が多い状況です。

ここでは、LGBTのお子さんを持つ親が知っておくべきことや、お子さんの助けとなるサポートについてお伝えします。

わが子からLGBTをカミングアウトされている場合

数年前よりもはるかに進んでいるLGBTへの理解ですが、一部の企業を除いて、依然、この立場の人たちを傷つける言動は世の中にあふれています。例えば、ESや履歴書の性別欄には、いまだ「男・女」の区別しかない企業がほとんどです。また、面接の場でカミングアウトしたところ、不当な扱いを受けたという報告や、面接官にゲイの真似と思われるしぐさをされたなどの差別的な対応も存在するようです。そのため、採用試験時にはカミングアウトしないという人が多数を占めます。

この状況は、今後は理解が進んでいくと思われますが、お子さんがそういった対応に傷ついているかもしれないことを念頭に置いておきましょう。

採用試験の書類に心とは違う「性」を記入しなければならなかったり、言いたくても言えない状況があって、イヤな思いをしていることもあるでしょう。

親御さんは、お子さんに寄り添い、気持ちをわかってあげてほしいと思います。「家族は○○のことを理解してるよ。どちらの性であっても、○○は○○だよ」と認め、就活を頑張っていることをほめてあげてください。

親御さんの中には、LGBTを打ち明けられたショックで、子どもとの関係がこじれてしまっている人もいるかもしれませんね。

けれども、お子さんは、親御さんに「わかってほしい、知ってほしい」と思ってカミングアウトしたのです。ただでさえ大変な就活の時期なので、お子さんの気持ちを理解して、話を聞いてあげてください。

少なくとも、お子さんの尊厳を傷つけるような言葉や態度を取らないようにしましょう。例えば「どうしてそんなふうになってしまったの？」などと言われたら、子どもは深く傷つきます。その子の存在を否定するような言葉は絶対に言わないようにしましょう。

親御さん自身がつらいというのなら、「まだ気持ちがついていっていない。もう少し時間をちょうだい」でもいいと思います。ただ、否定をしたり、感情的になったりせずに、できるだけ受け止めるように努力しましょう。

最近は、ＬＧＢＴに理解のある企業が増えてきています。国もダイバーシティー対策を推進しています。ジョブレインボーなど、ＬＧＢＴ者専門の求人サイトなども登場しています。お子さんが孤立してしまわないように、いろいろな情報を教えてあげるとよいでしょう。

わが子からＬＧＢＴをカミングアウトされていない場合

お子さんからハッキリと伝えられたわけではないけれど、「もしかしたらＬＧＢＴなのでは？」と親御さんがうすうす感じている場合についてです。

こちらのほうが難しい対応になるかと思いますが、「異性に対してまったく興味がないようだ」「同性への気持ちを書いたメモを見てしまった」など、思い当たる節があって親御さんが推測しているのだと思います。この場合、お子さんは自分の考えがあって親御さんに伝えていないのですから、今はそっと見守っていましょう。

そして、お子さんの気持ちを思いやり、次のことを心がけてください。

- ＬＧＢＴの人に対する差別的な言葉を使わない
- ＬＧＢＴの人たちについて、本などで学んで知識を持っておく
- お子さんが打ち明けてきたら受け止められるように、心の準備をしておく

家庭が心からくつろげる場所になるように、ぜひ、打ち明けやすい環境を準備してあげてください。

ＬＧＢＴであることを切り離して就活を進めているお子さんもいると思いますが、悩んでいる様子が見受けられたら、「何か悩んでいるの？　よかったら相談に乗るよ」と声をかけるだけでもよいと思います。

自分の親はＬＧＢＴを自然に受け入れてくれるのだと気づいたら、いずれ、お子さんは打ち明けてくれるでしょう。そのときまで見守りながら待ちましょう。

31 わが子の就活お悩みQ&A

最後に、私のところにお子さんの就活の相談にやってくる親御さんの「よくある疑問」について紹介します。

Q 子どもがブラック企業に引っかからないか心配です。どのようにホワイト企業とブラック企業を見極めればよいのでしょうか？

A 長時間労働やパワハラなどで労働者を疲弊させる企業にわが子を就職させせたくない！ という親の気持ち、よくわかります。

法律が改正され、企業は働き方改革を推進する必要があり、残業時間の実績や有休消化率などを公表しなくてはならなくなりました。『就職四季報』や『就職四季報優良・中堅企業版』（東洋経済新報社）には、3年以内の新卒入社者の離職率も掲載されています。

3年以内に平均3割は離職すると言われていますので、4割を超える企業の場合は注意したほうがよいでしょう。

また、働く人の口コミサイト「オープンワーク」に掲載されている各企業の指標も参考になりますし、一般財団法人 日本次世代企業普及機構（ホワイト財団）が認定している「次世代に残すべき素晴らしい企業（ホワイト企業）」の一覧も公表されていますので、ぜひ、ホームページを確認してみてください。

Q　子どもが複数の企業に内定をもらいました。辞退するのが大変そうなので、親の私が代わりに連絡してあげてもよいでしょうか。

A　内定おめでとうございます。複数の企業に内定をもらえるなんて、お子さんはきっと優秀で頑張り屋さんなのでしょうね。そんなお子さんなら、困難な状況でもきっと乗り越えられるでしょう。

内定をくれた企業にお断りするのは真面目なお子さんにとって心苦しいのだと思います。ですが、ここは誠意を持って、自分で電話やメールをするように伝えてください。

親御さんが代わりにやってあげたいお気持ちはわかりますが、企業側が最も嫌がる行為が、子どもに代わって親が連絡してくることです。問い合わせの電話も欠席連絡も、本人がしなくてはいけません。すべてのことは本人が責任を持って行うようにしましょう。

Q　子どもは地方の大学に行っています。文系で東京に本社がある企業の総合職を希望しているようですが、やはり就職のことを考えると首都圏の大学のほうが有利なのでしょうか。

A　お子さんはその地方の企業ではなく、全国に拠点があるような大企業の総合職を希望されているようですね。

数年前までは、地理的にも物理的にも地方の大学は就活がやりにくい面はありました。東京から遠ければ遠いほど、交通費もかさみました。

しかし、オンラインでのやり取りも普及してきた現在、その障壁は低くなってきています。企業が地方で説明会を開催するために出向くこともありますし、ＷＥＢで話を聞いたり、面接を受けることも可能になってきています。不利とは考えなくてよいでしょう。あくまでも本人の能力とその企業との相性が最優先です。

ただし、地方の大学生は、親御さんが東京本社や全国に転勤のある職種の就職に反対する場合もあり、企業側から何度も「親御さんに反対されないか？」と確認されるでしょう。お子さんに、「親が賛成していることをきちんと会社に伝えるように」とアドバイスしておきましょう。

Q　就活時期が近づいてきているのに、うちの子は自己分析もできていないようで、書類作成に苦労しているようです。親の私はそういった経験が少なくアドバイスができません。どうしたらよいでしょうか？

A　お子さんの行動が進んでいないように見えると、親御さんは心配ですよね。
「書類作成に苦労しているようだ」というのは、お子さんから相談があったのでしょうか？　もし、お子さんから相談があったのなら、よく話を聞いてあげてください。

そして、大学のキャリアコンサルタントに相談にいくよう伝えましょう。

相談があったわけではないけれど、そばで見ていて「大丈夫かな」と心配しているのなら、マイナビなどが実施しているインターネット上での書類添削サービスなどもあります（期間限定の場合あり）。「私はアドバイスできないけど、こんなサービスもあるみたいだよ」と伝えてみてはいかがでしょうか。本書でここまでお伝えした内容もぜひ活用してください。

Q インターンシップが採用に直結するように報道されていました。やっぱりインターンシップに行っておかないと不利になるのでしょうか？

A ますます人気のインターンシップですが、Part 2でもお伝えしたように、絶対に参加しないとその企業に入れないということではありません。でも、参加できそうなら、ぜひ、応募する方向で検討してください。

今後も1DAY、2DAYなどの期間が短いインターンシップも行われると思われます。できれば、そういう短期のものだけでも検討するように、お子さんに勧めてください。

おそらく今後も、採用動向や就活の時期は、社会の動きや災害などの自然現象に影響を受けるでしょう。

インターンシップの開催時期や期間、就活の時期などは流動的なものだと認識し、常にアンテナを張り巡らせ、情報をキャッチする必要があります。お子さんにも、このことは意識するように伝えておきましょう。

就活に親が関わってくることについて、人事の本音

私も人事の出身ですし、今の企業人事の人と一緒に仕事をすることがよくあります。人事を担当している友人も多いので、いろいろな話をします。

そんな中で「就活に親が関わってくること」については、正直なところ、否定的な声が多くあります。

「もう成人なんだから、自分のことは自分で決めてほしい」「特に地方の学生は、親元で生活することで親孝行したいという気持ちが強かったり、親もそれを期待したりするから、内定を断られたことが何度もある」などという話を聞きます。

採用する側、組織で人を雇用する側からすると、学生本人と直接話をしたいので、親御さんに口出ししてほしくないのでしょうね。

ただ、ひとりっ子が多くなっているこの時代に、親が子どもに関わるケースは今後も増えていくだろうと現実的に受け止めて、「ならば、どうしたらよりよい人材を逃さず採用できるか」と行動している企業のほうが、はたから観察していて成功しているように思います。

今後、親の就活への関わりについての対応をする企業は増えていくでしょう。でも、本音としては歓迎はしていない、苦々しく思っている、という人は多いのです。そのことは認識しておいていただけるとよいと思います。

おわりに

わが子の就活は支えて・見守る

ここまでお読みいただきありがとうございました。
私は、この本で皆さんに向けて、次の3点についてお伝えしてきました。

1 今の就職活動や各業界の変化、社会の状況
2 自分とわが子の特性を知り、関係性に活かす方法
3 就活するわが子に親ができるサポート

「今の就活は、なんて面倒なんだ！」と思った方もいるかもしれませんね。

たしかに今の就活は大学生にとって大変です。時間もかかりますし、膨大なエネルギーが必要でもあります。けれども、真摯《しんし》に向き合ってこれを乗り切ったお子さんは、きっと大きく成長しますし、これから人生で使えるものを手に入れるはずです。

親の皆さんは、ぜひ、お子さんの成長を見守ってあげてください。余計な口出しをしたり、親が前面に出るようなことはせずに、本当に子どもの助けになるよう、さりげなくサポートしてあげてください。

この本で登場する相談のケースは、ご本人の了承を得たもの、または多くの事例から個人が特定できないよう、一部内容を変更したものとなっています。

本書の中でもお話ししましたが、「きっと昔と同じだろう」と思い込んでいる親御さんから「〇〇業界がいいよ」などと意見されて困っているお子さんがたくさんいます。

親御さんは、就活に関わる正しい情報を把握したうえで、お子さんの業界・企業選びは本人に任せましょう。もちろん、客観的で参考になる情報があって、それを提供することは、親の立派なサポートです。

冒頭にも書きましたが、この本の内容は、皆さんとお子さんの就活に役立つだけでなく、今後の家族のコミュニケーションや関係性をよりよくするために活用できます。皆さんとお子さんの人生、お子さんの社会人としての歩みを豊かで実りあるものにするお手伝いができれば、これほどうれしいことはありません。

この本を最大限使っていただけることを心より願っております。

著者

渡部 幸（わたべ みゆき）
合同会社アクトクリア代表。キャリアコンサルタント（国家資格）、全米NLP協会認定トレーナー、産業カウンセラー、NLPプロフェッショナルコーチ。
青山学院大学国際政治経済学部国際政治学科卒業。株式会社和光、株式会社ECC営業統括マネージャーを経験後、タルボットジャパン株式会社にて人事総務部門人材開発責任者として社内全体の能力開発体系を構築。独立後は、キャリアコンサルタントとして、一人ひとりにフォーカスし、生き生きと仕事をする人を増やす支援を行ってきた。心理学を用いたメンタルアップの方法や豊富な企業経験をもとに、複数の大学や大手就職サイトの合同説明会、公共就職支援機関などでキャリア開発、就職・転職支援のセミナー、個別面談、エントリーシート・履歴書添削等を行い、のべ50,000人を支援。その就職成功力には定評がある。著書に『採用側の本音を知れば就職面接は9割成功する』（KADOKAWA）、『1週間で面接に自信がつく本』（ナツメ社）等がある。
ホームページ　https://actclear.net

わが子《こ》が就活《しゅうかつ》を始《はじ》めるときに読《よ》む本《ほん》

2020年10月16日　初版発行

著者／渡部《わたべ》 幸《みゆき》

発行者／青柳 昌行

発行／株式会社KADOKAWA
〒102-8177　東京都千代田区富士見2-13-3
電話 0570-002-301（ナビダイヤル）

印刷所／大日本印刷株式会社

●お問い合わせ
https://www.kadokawa.co.jp/（「お問い合わせ」へお進みください）
※内容によっては、お答えできない場合があります。
※サポートは日本国内のみとさせていただきます。
※Japanese text only

定価はカバーに表示してあります。

ISBN 978-4-04-604722-9　C0030